L'Assertivité au Quotidien

Le Guide Pratique en 4 Étapes pour une Affirmation de Soi au Quotidien, des Limites Saines et Plus de Confiance

(Plan d'Action en 20 Étapes pour Améliorer la Communication et Transformer votre Vie Sociale)

MASTER.TODAY

Roger Reed

THINGS
I WANTED
TO SAY
BUT
NEVER
DID

Introduction

L'affirmation de soi, c'est-à-dire la capacité à dire clairement ce que l'on ressent et ce que l'on veut, est une aptitude importante mais souvent sous-estimée. Il est essentiel d'apprendre à s'affirmer si l'on veut vivre une vie satisfaisante et épanouissante. Cependant, bien que l'affirmation de soi soit une qualité dont nous avons tous entendu parler, il existe une grande confusion sur ce qu'elle signifie réellement. Beaucoup de gens confondent l'affirmation de soi avec :

- Agressivité
- Égoïsme
- Intimidation
- Arrogance

L'affirmation de soi n'implique aucune de ces caractéristiques négatives. L'affirmation de soi est une série de compétences et de capacités qui vous permettent d'exprimer clairement ce qui est important pour vous sans violer les droits et les besoins des autres. L'affirmation de soi est avant tout une compétence de communication. S'affirmer, c'est apprendre à s'exprimer clairement et sans se vexer. Cela signifie comprendre et valoriser vos propres besoins ainsi que ceux des autres.

La considération pour les autres est la différence essentielle entre l'arrogance et l'affirmation de soi, par exemple. L'arrogance consiste à poursuivre exclusivement ses propres objectifs. L'affirmation de soi signifie avoir une vision plus large. L'affirmation de soi est une compétence essentielle dans la vie. Toute personne qui réussit est sûre d'elle. Nous pouvons en être certains, car si vous ne vous affirmez pas, vous ne réussirez pas, aussi brillant que vous soyez.

L'affirmation de soi est importante dans tous les aspects de notre vie. Dans notre carrière, nous ne pouvons pas progresser ou nous améliorer sans nous affirmer. Dans notre vie personnelle, l'affirmation de soi nous permet d'avoir des relations plus épanouissantes et plus satisfaisantes. Dans tout ce que nous faisons, la capacité à valoriser et à communiquer clairement nos besoins est une condition préalable à la réussite.

Être passif est le contraire d'être assertif. Être excessivement passif limite non seulement votre capacité à atteindre vos objectifs, mais c'est également malsain. Il a été démontré que la passivité conduit à une faible estime de soi, à l'anxiété et même à la dépression. Les personnes passives sont rarement satisfaites. Essayer de satisfaire tout le monde ne sera jamais possible car les gens ont des besoins et des désirs différents. Vous ne pouvez pas tous les satisfaire et essayer de le faire est source de stress.

La bonne nouvelle est que l'affirmation de soi peut s'apprendre. Étonnamment, ne pas s'affirmer est un comportement que vous avez appris. Vous êtes né assertif. Les bébés expriment leurs émotions librement, et ils sont doués pour nous faire comprendre ce qu'ils veulent. Vous étiez comme ça autrefois, mais depuis, vous avez appris à cacher vos propres sentiments. Vous avez appris à éviter les conflits en cédant et en ignorant vos besoins au profit des autres. Vous avez appris à devenir passif.

Ce livre a pour but de réapprendre les compétences dont vous avez besoin pour vous affirmer. Il explique ce qu'est l'affirmation de soi et fournit des stratégies pratiques pour appliquer ces compétences. S'affirmer n'est pas quelque chose qui se fait du jour au lendemain, mais vous pouvez apprendre ces compétences au fil du temps.

Êtes-vous prêt à découvrir les avantages de l'affirmation de soi ?

VOTRE CADEAU GRATUIT

Nous aimerions vous offrir un cadeau pour vous remercier d'avoir acheté ce livre. Vous pouvez choisir parmi tous nos autres titres publiés.

Vous pouvez obtenir un accès immédiat à tous nos livres en cliquant sur le lien ci-dessous et en vous inscrivant sur notre liste de diffusion :

https://campsite.bio/mastertoday

Nos autres livres

Force Mentale et Maîtrise de la Discipline :
Développez votre confiance en vous pour libérer votre courage et votre résilience.

Pour en savoir plus, cliquez ici :

https://master.today/books/mental-toughness/

Table des matières

Partie 1 : Qu'est-ce que l'affirmation de soi et pourquoi en avez-vous besoin ?

La première partie de ce livre consiste à apprendre où vous en êtes actuellement en matière d'affirmation de soi. Avec le temps, nous prenons des habitudes de comportement sans vraiment nous en rendre compte. Parfois, nous avons besoin de nous arrêter et de prendre le temps de comprendre où nous en sommes. Cette pratique n'est pas toujours confortable. Cela peut être un choc de découvrir que nous ne sommes pas la personne que nous pensions être et de réaliser que, d'une manière ou d'une autre, nous nous sommes éloignés de nos croyances fondamentales.

Mais vous devez le faire si vous voulez changer. Vous ne pouvez pas construire quelque chose de nouveau sans fondations solides. Le fait que vous lisiez ce livre signifie que vous voulez changer. Vous serez peut-être tenté de vous précipiter sur les parties de ce livre qui vous disent comment vous affirmer. Au lieu de cela, prenez le temps de lire cette partie et de réfléchir honnêtement à la façon dont elle s'applique à vous. Faites-vous trop d'efforts pour être gentil ? Êtes-vous du genre à faire plaisir aux gens ? Avez-vous des idées fausses sur ce que signifie être sûr de soi ? Y a-t-il des personnes dans votre vie qui profitent de vous et vous empêchent de réaliser votre plein potentiel ?

Ce n'est que lorsque vous aurez réalisé cet audit mental que vous serez prêt à appliquer les techniques qui vous aideront à changer.

Chapitre 1 : Êtes-vous une personne agréable ?
Faites un bon test

Tu ferais mieux de faire attention,

Tu ferais mieux de ne pas pleurer,

Il vaut mieux ne pas faire la moue,

Je te dis pourquoi...

Le Père Noël arrive en ville

Nous voulons tous être gentils. D'abord dans notre enfance, puis à l'âge adulte, on nous dit qu'être gentil avec les autres est une compétence sociale essentielle. Si nous ne sommes pas gentils, les gens ne nous aimeront pas.

Il n'y a rien de mal à être gentil, surtout lorsqu'on est poli et attentionné envers les autres. Cependant, il est possible d'être trop gentil. Cette tendance peut nous amener à nous préoccuper tellement du bonheur des autres que nous en oublions nos propres besoins. Nous pouvons nous sentir rancuniers, en colère et même déprimés parce que, quels que soient nos efforts, nous ne parvenons jamais à satisfaire tout le monde.

Étant donné que vous lisez ce livre, peut-être est-ce ce que vous ressentez ? Avez-vous l'impression de passer tout votre temps à essayer de faire plaisir aux autres ? Pourtant, peu importe ce que vous faites, ils semblent toujours en vouloir plus. Passez-vous tellement de temps à penser à ce que les autres veulent que vous ne semblez jamais avoir le temps de considérer vos propres besoins ?

Peut-être que vous essayez trop d'être gentil.

Faites ce simple test. Il ne s'agit pas d'un test scientifique ou psychologique. Il s'agit simplement d'une méthode pour vous faire réfléchir à votre comportement actuel en termes d'affirmation de soi. Soyez honnête !

1. **Vous commandez de la nourriture dans un restaurant. Lorsque votre nourriture arrive, ce n'est pas ce que vous avez commandé. Est-ce que vous :**

    a. Ne dites rien. Tout se passera probablement bien, et vous ne voulez pas gâcher la soirée pour les autres.
    b. Le mentionnez aux personnes avec qui vous dînez, mais vous le mangez quand même.
    c. Dites au serveur qu'il a fait une erreur et vous lui demandez de vous donner la bonne commande.

2. **Quelqu'un vous devance dans une file d'attente. Est-ce que vous :**

    a. Ne dites rien. Ils sont probablement plus pressés que vous.
    b. Soupirez d'une manière exaspérée mais ne dites rien.
    c. Dites à la personne : *"Excusez-moi, mais je crois que j'étais devant vous."*

3. **Vous êtes dans un supermarché. Quelqu'un vous bouscule par derrière avec son chariot. Est-ce que vous :**

    a. Vous excusez

b.   Ne dites rien mais leur jettez un regard noir.

c.   Dites à la personne, "*S'il vous plaît, faites attention*".

4. **Vous êtes avec un groupe d'amis et quelqu'un dit quelque chose que vous désapprouvez. Peut-être même que c'est quelque chose que vous trouvez offensant. Est-ce que vous :**

a.   Ne dites rien. Vous ne voulez pas les offenser ou déclencher une dispute.

b.   Dites gentiment que vous n'êtes pas d'accord.

c.   Dites fermement que vous n'êtes pas d'accord et expliquez pourquoi vous pensez qu'il se trompe.

5. **Vous sentez-vous souvent coupable ?**

a.   Tout le temps.

b.   Seulement de temps en temps.

c.   Jamais.

6. **Si quelqu'un vous demande une faveur, à quelle fréquence refusez-vous ?**

a.   Jamais.

b.   Occasionnellement.

c.   Tout le temps.

7. **Vous et un ami ou un partenaire avez prévu de sortir le soir. Vous n'êtes pas d'accord sur l'endroit où aller. Comment cela se passe-t-il généralement ?**

a.   Je fais généralement ce qu'ils veulent.

b.   Parfois je fais ce qu'ils veulent, parfois ils font ce que je veux.

c.   On fait toujours ce que je veux.

Si vos réponses sont généralement "*a*", vous êtes peut-être trop gentil. Vous ne voulez pas ou ne pouvez pas vous affirmer, même lorsque cela serait une réponse parfaitement raisonnable. Si vos réponses sont généralement "*b*", vous êtes peut-être encore un peu trop gentil. Si vos réponses sont toutes "*c*", vous n'êtes certainement pas trop gentil et vous vous affirmez déjà.

Peut-on vraiment être trop gentil, et si oui, est-ce un problème ? Les réponses que vous avez données dans le test ci-dessus ne sont qu'un guide. La question la plus importante à vous poser est de savoir comment vous vous sentez lorsque vous êtes constamment gentil ? Si vous vous sentez confiant, détendu et épanoui, alors il est clair que votre niveau actuel d'affirmation de soi n'est pas un problème. Mais pour beaucoup de gens, être trop gentil est un problème parce que cela leur donne le sentiment d'être utilisés, d'être exploités, d'avoir du ressentiment et d'être insatisfaits.

Il est également vrai que les personnes gentilles attirent souvent des amis qui profitent d'elles. Une personne qui veut toujours obtenir ce qu'elle veut sera attirée par une personne passive. Une personne paresseuse recherchera ceux qui la serviront. Les personnes qui sont constamment gentilles croient que le fait de toujours faire ce que les autres veulent fera en sorte que les gens les aiment. Ce n'est pas vrai.

Voyons pourquoi le désir d'être aimé est un moteur si puissant du comportement humain.

L'interaction humaine est essentielle à notre bien-être mental et physique. Les êtres humains sont des créatures sociales, et sans interaction, nous souffrons. Dans ses formes les plus anciennes, la coopération dans la société humaine était le seul moyen de survivre. C'est pourquoi le besoin d'interaction est inscrit dans le cerveau humain.

Une histoire bien connue concernant Frédéric II, empereur du Saint-Empire romain germanique au XIIIe siècle, illustre ce besoin d'interaction humaine. Frédéric voulait entreprendre une expérience pour répondre à l'une des plus importantes questions théologiques de l'époque : quelle langue Adam et Eve parlaient-ils ? Pour trouver une réponse, Frederick a fait élever plusieurs enfants par des mères nourricières qui s'occupaient des besoins physiques des enfants mais n'avaient pas le droit de converser avec eux ni même de parler à distance d'écoute. Frederick pensait que, d'une manière ou d'une autre, la langue originale inspirée par Dieu apparaîtrait spontanément chez ces enfants. Au lieu de cela, tous les enfants se sont affaiblis et sont morts.

C'est peut-être une histoire apocryphe, mais sa prémisse est confirmée par de nombreuses études scientifiques plus récentes. Ces études montrent que les interactions sociales, la façon dont nous réagissons aux personnes qui nous entourent, améliorent les capacités cognitives ainsi que la santé mentale et physique. Une partie importante de ces interactions est notre désir d'approbation, d'appréciation et d'acceptation par les autres. Cela semble également avoir des implications directes sur notre bien-être physique. Une étude menée pendant neuf ans auprès de milliers de personnes dans le comté d'Alameda, en Californie[1], a révélé que les personnes ayant des liens sociaux étroits vivaient nettement plus longtemps, même si elles avaient un mode de vie toxique (tabagisme, obésité et manque d'exercice). Des études comme celle-ci confirment que nous avons tous besoin de sentir que nous faisons partie de quelque chose et que nous sommes acceptés en tant que membre d'un groupe social. C'est pourquoi nous avons tous un besoin fondamental d'être aimés.

Cela peut devenir un problème si nous cédons au besoin d'être aimé de tous. En pratique, cela ne sera jamais possible. Personne ne sera aimé de tous, et les personnes qui s'efforcent de se faire aimer de tous souffrent souvent d'un manque d'estime de soi. Ces problèmes peuvent provenir de l'enfance ou être le résultat d'abus émotionnels ou physiques dans les relations adultes.

Comme beaucoup d'autres problèmes qui affectent la santé mentale, le besoin d'être aimé ne devient un problème que lorsqu'il devient compulsif. La plupart des gens préfèrent être appréciés plutôt que détestés. Vous avez un problème lorsque vous avez un besoin compulsif d'être aimé par tout le monde. Si vous souffrez de ce

---

[1] Lisa F. Berkman, S. Leonard Syme, *SOCIAL NETWORKS, HOST RESISTANCE, AND MORTALITY: A NINE-YEAR FOLLOW-UP STUDY OF ALAMEDA COUNTY RESIDENTS*, American Journal of Epidemiology, February 1979.

besoin compulsif, vous vous dirigez inévitablement vers la déception et le ressentiment.

Vous vous rendrez peut-être compte que vous devenez un "people-pleaser".

Êtes-vous un"people-pleaser" ?

La doctorante psychologue sociale et auteur Susan Newman, a utilisé le terme "*people-pleaser*[2]" pour décrire toute personne qui a un besoin compulsif de rendre les autres heureux. Les "people-pleasers" recherchent constamment une validation extérieure. Elles manquent de confiance en elles et ne voient leur propre valeur que si elle se reflète dans l'approbation des autres.

Bien entendu, le désir de plaire aux autres et d'être apprécié d'eux n'est pas en soi nuisible. Toute relation efficace implique de comprendre et de prendre en compte les besoins et les sentiments des autres. Cela ne devient un problème que lorsque notre désir de rendre les autres heureux nous fait ignorer ou négliger nos propres besoins et sentiments.

Comment pouvez-vous savoir si vous êtes un "people-pleaser" ?

> **Vous arrive-t-il de faire semblant d'être d'accord avec les gens ?** Écouter les autres est une compétence sociale importante. Être poli et attentif lorsqu'une autre personne parle est un bon moyen de lui faire savoir que vous l'écoutez vraiment. Mais les "people-pleasers" se retrouvent souvent à faire semblant d'être d'accord avec l'autre personne simplement pour lui faire plaisir.

---

[2] *The Book of No: 250 Ways to Say It-And Mean It and Stop People-Pleasing Forever*, Susan Newman, McGraw-Hill, 2005.

Vous sentez-vous mal à l'aise si quelqu'un est malheureux ? Quiconque fait preuve d'empathie et de compassion comprendra qu'un ami ou un collègue est malheureux. Les "people-pleasers" ont l'impression que le malheur de l'autre est en quelque sorte de leur faute et qu'elles en sont responsables. Si vous vous sentez coupable du malheur d'une autre personne, même si vous n'en êtes pas la cause, vous êtes peut-être un "people-pleaser".

Trouvez-vous difficile de donner une opinion honnête ? Nous nous sommes tous retrouvés dans la situation où un ami, un partenaire ou un collègue nous demande des conseils. Parfois, nous savons que le conseil que nous devons donner peut être malvenu, voire douloureux. Que faites-vous dans ces circonstances ? Si vous pensez sincèrement que la personne qui vous demande conseil bénéficiera de ce que vous avez à dire, vous le direz. Si vous êtes un "people-pleaser", vous direz tout ce qui est nécessaire pour rendre votre interlocuteur heureux, et non pour lui donner les meilleurs conseils.

Adoptez-vous des comportements nuisibles uniquement pour faire plaisir aux autres ? Un certain nombre d'études montrent que "people-pleasers" adoptent des comportements malsains, voire destructeurs, parce qu'elles pensent que cela permettra aux autres de se sentir plus à l'aise dans les situations sociales. Cette tendance peut couvrir un éventail de comportements allant de la consommation excessive d'alcool ou de nourriture à l'agression. En adoptant ces comportements, les "people-pleasers" se sentent souvent mal, mais elles se sentent obligées d'agir de la sorte parce que d'autres personnes de leur groupe social agissent de la même façon.

Faites-vous tout pour éviter les conflits ? Un certain niveau de conflit est un élément normal de l'interaction sociale. Deux personnes ne seront jamais totalement d'accord sur tout. Le débat et la discussion au cours desquels vous défendez votre point de vue sont sains et productifs. Les "people-pleasers" ne voient pas les choses de cette façon. Ils sont prêts à tout pour éviter les conflits, quels qu'ils soient. Ils considèrent le conflit comme un symptôme de malheur et pensent que c'est en quelque sorte leur faute.

Êtes-vous incapable de dire *"Non"* ? Personne n'aime refuser une demande d'aide ou de temps de la part d'un ami. Cependant, les "people-pleasers" semblent incapables de dire *"non"* en toutes circonstances. Elles sont prêtes à accepter presque tout, même si cet accord les laisse stressées et pleines de ressentiment.

Comme beaucoup d'autres concepts de ce livre, être un "people-pleaser" n'est pas tout noir ou tout blanc. Vous pouvez constater que vous êtes plus enclin à adopter certains des comportements mentionnés ci-dessus avec un groupe particulier ou même une personne particulière. Peut-être ne vous comportez-vous de la sorte qu'avec votre partenaire ou votre patron. Cette activité n'est pas conçue comme une checklist avec un score pour décider si vous êtes un "people-pleaser". Elle a pour but de vous faire réfléchir à votre propre comportement et de voir si vous pouvez identifier des traits de personnalité qui plaisent aux gens.

Le fait d'être un "people-pleaser" n'est pas un problème en soi. Cependant, c'est un indicateur fort que vous avez peut-être des problèmes sous-jacents d'estime et de manque d'affirmation de soi. Être gentil a un prix.

Être gentil a un prix

Qu'y a-t-il de mal à être un "people-pleaser", à être constamment gentil avec tout le monde, tout le temps ? Il y a deux réponses différentes à cette question, l'une pratique et l'autre psychologique. Commençons par examiner les raisons pratiques pour lesquelles les "people-pleasers" ne sont généralement pas respectées ou même appréciées.

Si vous êtes toujours d'accord et ne dites jamais rien de désagréable, vous pourriez penser que les gens vous apprécieront. Ce n'est pas le cas. Au contraire, les gens vont rapidement commencer à douter de votre sincérité et de votre honnêteté. Cela s'explique en partie par le fait que, même si vos mots disent "*je suis d'accord*", votre langage corporel et les autres signaux non verbaux que vous donnez inconsciemment disent clairement "*je ne suis pas d'accord*". Les gens sont particulièrement doués pour capter ces messages non verbaux, même s'ils n'en sont pas conscients. Lorsqu'ils sont confrontés à une personne qui dit une chose mais donne des messages qui suggèrent le contraire, il est très peu probable qu'ils fassent confiance à cette personne ou respectent ce qu'elle dit.

Si vous faites constamment des éloges et des affirmations positives, vos paroles seront dévaluées. Si vous donnez des réponses honnêtes, les gens apprécieront beaucoup plus celles qui sont positives que les encouragements fades et globaux qu'ils reçoivent d'un "people-pleaser".

Les "people-pleasers" évitent en fait l'intimité. En censurant soigneusement tout ce que vous dites pour éliminer tout ce qui pourrait rendre votre interlocuteur malheureux, vous limitez vos interactions sociales au niveau le plus superficiel. La véritable intimité implique l'honnêteté. Les "people-pleasers" sont incapables d'être honnêtes, et leurs interactions sociales ne peuvent jamais être vraiment satisfaisantes. Les autres personnes se rendent compte de ce manque de sincérité et elles n'apprécieront jamais autant l'amitié d'un flatteur que celle d'une personne honnête.

Pensez à quelqu'un que vous connaissez et qui est un "people-pleaser". La plupart d'entre nous en connaissent au moins une. Que ressentez-vous à son égard ? Appréciez-vous de passer du temps avec elle ? Avez-vous hâte de bavarder avec elle ? Ou trouvez-vous leur bavardage insipide plutôt ennuyeux ? Si vous êtes un "people-pleaser", il est fort possible que ce soit ce que les autres pensent de vous.

Cependant, au-delà des réactions négatives que cette attitude provoque chez les autres, elle a également des conséquences psychologiques directes et néfastes pour vous. La dissonance entre ce que vous dites et ce que vous pensez vraiment peut vous amener à vous sentir comme un imposteur, Vous savez que ce que vous dites n'est pas vrai, mais vous ne pouvez pas vous résoudre à affirmer ce que vous ressentez vraiment.

Cette habitude peut vous amener à vous sentir étranger à votre véritable personnalité et aux valeurs de votre vie. Le sentiment d'estime de soi des "people-pleasers" provient entièrement de l'opinion des autres. Au fond, ils craignent de ne pas être sympathiques. Mais ils combattent cette peur en agissant de manière à ce que les autres les apprécient. Cette habitude leur permet de se sentir sympathiques. Agir de la sorte n'est pas sain. Pour être constamment sympathique aux yeux de tous, nous devons écraser des pans entiers de notre personnalité. Nous ne pouvons pas montrer notre colère, notre compétitivité ou même notre désaccord, car nous craignons que les gens nous aiment moins. Nous devons devenir si fades que nous ne prenons pas le risque d'offenser qui que ce soit.

Être forcé d'agir de manière fausse est le vrai prix de la gentillesse. Vous pouvez vous retrouver limité à des relations superficielles et insatisfaisantes. Ces relations peuvent être avec des personnes que vous n'aimez même pas, mais dont vous voulez quand même l'approbation. Vous pouvez vous retrouver à agir et à parler d'une manière qui ne correspond pas à vos valeurs intérieures. Vous pouvez ressentir du ressentiment et de la frustration.

La bonne nouvelle est que vous n'êtes pas obligé de continuer ainsi. En apprenant à vous affirmer davantage, vous pouvez améliorer votre propre santé mentale et avoir des relations qui ont du sens. Mais avant de commencer à parler de la façon de s'affirmer, nous devons nous arrêter un moment. Réfléchissons aux droits fondamentaux dont nous disposons et que nous avons peut-être perdus de vue dans notre recherche constante de la gentillesse.

Vous avez le droit de prendre soin de vous

Nous nous efforçons presque tous d'être gentils, consciemment ou inconsciemment. Nous le faisons même si nous ne savons pas toujours ce que signifie "gentil". Nous sommes simplement conditionnés par la société à agir de manière à répondre aux besoins des autres tout en ignorant les nôtres. Ce chapitre a pour but de comprendre pourquoi ce désir peut être contre-productif, voire malsain.

Il y a autre chose d'important que vous devez considérer ici : Vous avez le droit de prendre soin de vous.

Il a même été dit que chacun d'entre nous a non seulement le droit, mais aussi la responsabilité de prendre soin de soi. Kristi Ling, écrivain, experte en bonheur et auteur du best-seller *Operation Happiness* note :

> *"Prendre soin de votre corps, de votre esprit et de votre âme est votre plus grande responsabilité."*

Pensez à ces panneaux de sécurité que vous voyez lorsque vous voyagez en avion. Celles qui vous disent de mettre votre propre masque à oxygène avant d'essayer d'aider quelqu'un d'autre. Cela peut sembler égoïste, mais c'est vraiment la meilleure façon d'agir. Si vous ignorez cette instruction et que vous essayez d'aider quelqu'un d'autre avec son masque en premier, vous risquez d'être neutralisé. Vous ne serez alors plus en mesure de l'aider du tout et vous souffrirez tous les deux.

Peut-être la vie quotidienne devrait-elle aussi être accompagnée d'une de ces plaques de sécurité ? Si vous passez tout votre temps à essayer de faire plaisir aux autres et que vous ignorez vos propres besoins, vous finirez très certainement par être abattu, plein de ressentiment, coupable et peut-être même déprimé. N'est-il pas plus logique de s'occuper d'abord de ses propres besoins, ce qui vous rendra plus fort, plus résilient et plus apte à vous occuper efficacement des autres ? S'occuper de ses propres besoins (et c'est vraiment ce qu'est l'affirmation de soi) vous aide et aide tous ceux qui vous entourent.

Nous reviendrons plus tard sur chacun d'entre eux en détail, mais pour l'instant, considérez ces droits fondamentaux auxquels nous avons tous droit :

> **Vous avez le droit d'être heureux.** Les hommes sages qui ont créé la déclaration sur laquelle les États-Unis ont été fondés ont noté trois droits inhérents et inaliénables : *"La préservation de la vie, de la liberté et la poursuite du bonheur"*. "Ces droits s'appliquent à vous. Vous avez le droit de rechercher le bonheur. Ce n'est pas égoïste, méchant, ou complaisant. C'est en partie ce qui nous définit en tant qu'êtres humains. Comprendre ce qui vous rend heureux et affirmer votre droit à ce bonheur est en partie l'objet de ce livre.

> **Vous avez le droit de dire "non".** Nous avons tous des vies bien remplies où nous jonglons avec des demandes contradictoires sur notre temps et notre énergie. Ces demandes peuvent nous laisser un sentiment d'épuisement et d'insatisfaction. Vous devez reconnaître que vous

avez le droit de vous occuper de vous-même et que vous ne pouvez pas tout faire pour tout le monde. Cela signifie que vous allez devoir apprendre à dire *"non"* à certaines de ces demandes. C'est difficile. Beaucoup d'entre nous trouvent qu'il est extrêmement difficile de dire "non". Comprendre que cela est nécessaire et apprendre à le faire est une étape essentielle pour apprendre à s'affirmer.

Vous n'avez pas à juger votre vie selon les critères des autres. Chacun a des besoins et des objectifs différents. Cela signifie que les gens ont des jugements très différents sur ce qui représente le succès et la réussite dans la vie. Si vous passez trop de temps à écouter ce que les autres attendent de vous, vous risquez de perdre le contact avec ce qui compte vraiment pour vous. Ne laissez pas cela se produire. Restez concentré sur les objectifs qui comptent pour vous et apprenez à ignorer les personnes qui vous jugent selon des critères différents.

Vous n'avez pas à justifier votre comportement. Une chose que vous apprendrez dans ce livre est de reconnaître ce qui est important pour vous. Bien sûr, il y aura toujours d'autres éléments en concurrence pour votre temps et votre attention. Mais si jouer au golf ou passer du temps avec votre chat est ce qui vous fait vous sentir bien, vous n'avez pas besoin de trouver des excuses pour intégrer ces activités dans votre emploi du temps.

Vous êtes une personne sympathique. Vous aimez rendre tout le monde heureux. Vous aidez tous ceux qui le demandent. Si cette description vous correspond, les quatre affirmations ci-dessus vous mettent probablement mal à l'aise, surtout la première. Votre propre bonheur n'est peut-être pas une chose sur laquelle vous vous concentrez habituellement. Mais cela doit changer. Vous devez prendre soin de vous, comprendre vos propres besoins et apprendre à vous affirmer pour les satisfaire.

Bien sûr, il y a un corollaire important ici. Les autres personnes ont aussi ces mêmes droits. Heureusement, s'affirmer ne signifie pas ignorer les besoins et les sentiments des autres. Au contraire, cela signifie qu'il faut les prendre en compte, mais ne pas leur permettre de toujours avoir la priorité sur vos propres droits. Vous pouvez toujours être gentil tout en vous affirmant. En fait, apprendre à vous affirmer peut contribuer à vous rendre encore plus gentil que vous ne l'êtes actuellement !

you can do
the hard
things.

Qu'entendons-nous par "assertif" ?

Avant d'aller plus loin, il convient de s'arrêter un instant pour expliquer précisément ce que l'on entend par *"assertivité"*. "

Apprendre à s'affirmer ne signifie pas que vous obtiendrez automatiquement tout ce que vous voulez. D'autres personnes ont aussi le droit de s'affirmer, et elles n'ont peut-être pas les mêmes besoins ou objectifs. Apprendre à s'affirmer n'est pas une technique secrète qui vous rendra riche et prospère. Vous devrez toujours être prêt à coopérer et à négocier avec d'autres personnes afin de trouver une solution satisfaisante pour tous.

Apprendre à s'affirmer signifie comprendre et reconnaître ses propres besoins et sentiments et être capable de les communiquer sans agressivité. Cela signifie apprendre à défendre ses propres droits tout en respectant ceux des autres. Cela implique des relations plus profondes et plus satisfaisantes et la possibilité de voir le monde de manière plus positive.

Si vous apprenez à vous affirmer, vous n'obtiendrez pas toujours ce que vous voulez, mais vous améliorerez votre image et votre estime de vous-même, et vous serez en mesure de traiter les autres de manière respectueuse.

Pouvez-vous être à la fois gentil et sûr de vous ?
En théorie, nous apprécions tous la qualité de la
"gentillesse". Nous apprécions les personnes gentilles, et
nous nous efforçons généralement de nous comporter de
la même manière avec les autres. Être gentil est
généralement considéré comme quelque chose
d'admirable, et peut-être craignez-vous de devoir
renoncer à être gentil pour vous affirmer.

L'un des problèmes est que "gentil" est l'un de ces termes
qui ont des significations différentes selon les personnes.
Le christianisme est l'une des forces les plus importantes
qui ont façonné la pensée dans le monde occidental. Il a
également contribué à définir ce que la plupart des gens
considèrent comme la signification d'être gentil.
Examinons certaines des raisons pour lesquelles la
gentillesse et l'affirmation de soi sont très différentes,
mais aussi pourquoi l'affirmation de soi n'est pas
nécessairement le contraire de la gentillesse.

Les gens gentils ne réussissent pas. En général, le
christianisme moderne est basé sur des principes
tels que le pardon, la compassion et la charité. Ce
sont de belles qualités. C'est ce que la plupart des
gens considèrent comme gentil. Cependant,
l'enseignement chrétien en est venu à assimiler la
qualité d'être gentil à l'opposé de la réussite. Pour
réussir, il ne faut pas être gentil et, inversement,
les gens gentils ne réussissent pas. La poursuite
d'ambitions mondaines, par exemple, a été
considérée comme l'antithèse de la gentillesse.
L'affirmation de soi consiste en partie à
apprendre à obtenir ce que l'on veut, et pour

cette raison, elle peut également être considérée comme l'opposé de la gentillesse. Ce n'est pas vrai. L'assertivité est tout à fait compatible avec des qualités telles que le respect des autres, la compassion et l'empathie. Les personnes assertives ont plus de chances de réussir, mais cela ne signifie pas qu'elles doivent être méchantes. Vous pouvez à la fois réussir et être gentil.

Les gens gentils sont doux. La Bible nous dit : "*Heureux les doux, car ils hériteront de la terre*" (Matthieu 5:5). La douceur est souvent citée comme une qualité admirable dans la Bible, mais qu'est-ce que la douceur ? Au moins un dictionnaire actuel définit le terme "doux" comme "*dépourvu d'esprit et de courage, soumis.*[3]"Cela signifie-t-il que vous devez être craintif et soumis pour être doux ? Non ! L'utilisation biblique originale de ce mot était basée sur une signification tout à fait différente. Il incluait la compassion mais aussi une adhésion inébranlable à une ligne de conduite, même face à l'adversité. Ce sens originel du mot "doux" est tout à fait compatible avec l'affirmation de soi. Le sens moderne de "doux", qui implique la passivité, ne l'est pas.

---

[3] Definition from Merriam-Webster Online Dictionary (http://www.merriam-webster.com/dictionary/meekness). Retrieved April 15th, 2021.

Les gens gentils sont ennuyeux. Cette idée vient d'une voie tout à fait différente, le mouvement romantique qui a débuté vers 1800. Des poètes comme Byron et Shelly et des écrivains comme Sir Walter Scott ont produit une série d'œuvres populaires qui ont introduit le "héros romantique". Ceux-ci soulignaient que les personnes intéressantes et passionnantes sont spontanées, émotives, troublées, imprévisibles et changeantes. Ce mouvement a eu une énorme influence sur tous les aspects de la création artistique, influence qui persiste encore aujourd'hui. À titre de confirmation, essayez de citer un seul protagoniste de film ou de télévision qui ne soit pas un héros romantique classique, troublé et rebelle. Il y en a très peu ! L'opposé du héros romantique est la personne qui est inébranlable, fiable, calme et cohérente. Le romantisme nous dit que ces personnes sont également ennuyeuses. Il est clair que ce n'est pas le cas. Pensez à quelqu'un que vous connaissez et que vous décririez comme "sûr de lui". Cette personne est-elle ennuyeuse ? Non !

Peut-on être à la fois gentil et assertif ? Si vous utilisez le terme "gentil" pour incarner des connotations positives comme la compassion, l'honnêteté, la persistance et l'empathie, il est très certainement compatible avec l'affirmation de soi.

Le problème vient en partie du fait que le mot "assertivité" a lui-même acquis certaines connotations négatives. De nombreuses personnes le considèrent comme un synonyme d'agressivité, d'intimidation, ou simplement comme une façon de décrire l'égoïsme. Ce n'est pas le cas. L'affirmation de soi consiste à apprendre à rester fidèle à ses convictions profondes et à comprendre comment communiquer honnêtement sans aliéner ou contrarier les autres.

L'une des idées fausses les plus courantes sur l'affirmation de soi est qu'elle est identique à l'agression. Il est facile de comprendre pourquoi. Les deux attitudes impliquent d'énoncer clairement ses propres besoins et de tenter d'atteindre ses objectifs. Cependant, il existe une différence fondamentale et essentielle :

- **L'agressivité consiste à poursuivre ses propres objectifs sans tenir compte des autres.** Les personnes agressives ignorent complètement le point de vue de l'autre, ou bien elles sont dédaigneuses, irrespectueuses ou même abusives envers les autres. L'agressivité peut aliéner les autres et augmenter le stress dans n'importe quelle situation. Des études montrent[4] que les personnes qui se comportent de manière agressive ont plus souvent des relations ratées et sont moins soutenues dans les groupes sociaux et professionnels. Il est intéressant de noter que ces mêmes études montrent que les personnes agressives ressentent un stress supplémentaire. Souvent, elles ne comprennent pas l'effet de leur agressivité sur les autres et sont surprises par les réactions négatives. Elles peuvent réagir en se

---

[4]   Who's Stressed? Distributions of Psychological Stress in the United States in Probability Samples from 1983, 2006, and 2009, Sheldon Cohen, Journal of Applied Social Psychology, Volume 42, Issue 6, June 2012.

sentant victimes, ce qui peut les pousser à agir de manière encore plus agressive.

- **L'affirmation de soi signifie exprimer clairement ses propres opinions tout en respectant celles des autres.** S'affirmer, c'est rechercher le compromis lorsque cela est nécessaire et écouter les autres. C'est rechercher des solutions qui font que tout le monde est gagnant, et pas seulement des situations où vous l'emportez. Il est peut-être surprenant de constater que les études montrent que les personnes qui ont appris à s'affirmer ont tendance à être moins stressées, à avoir moins de conflits dans leur vie et à connaître moins d'échecs relationnels[5].

L'affirmation de soi est un attribut utile et positif alors que l'agressivité ne l'est pas. L'affirmation de soi est ancrée dans le respect des autres, tandis que l'agressivité est négative, diviseuse et combative.

Considérez une situation où vous avez été impliqué dans une discussion où il y a eu une différence d'opinion ou peut-être même une confrontation. Il peut s'agir d'une situation professionnelle ou d'un conflit personnel. Qu'avez-vous dit ? Voici des exemples de déclarations agressives que vous auriez pu faire :

- Vous avez tort.
- Tu ne sais pas de quoi tu parles.

---

[5] *Finding your voice: Reclaiming personal power through communication*, Jane Downing, Allen & Unwin, 1995.

- Tu es stupide.
- Si on avait fait comme je l'ai suggéré, ça aurait marché.
- C'est de ta faute.
- Vous ne comprenez pas.

Toutes ces déclarations ont en commun d'attaquer une autre personne et de chercher à la blâmer. Elles sont personnelles et impliquent que vous avez raison et que l'autre personne a tort. Elles sont toutes égocentriques et ne tiennent pas compte des opinions ou des sentiments de l'autre personne. Une personne agressive est bruyante et provocante et utilise souvent un contact visuel intense. Elle est aussi généralement mauvaise auditrice et interrompt, critique et humilie fréquemment les autres. Naturellement, ce comportement génère des réactions extrêmement négatives chez les personnes qui sont obligées d'interagir avec elles. Ce comportement a tendance à faire dégénérer tout conflit.

En revanche, les déclarations suivantes sont assertives :

- Qu'avons-nous appris de cette expérience ?
- Quels résultats positifs pouvons-nous en tirer ?
- La prochaine fois, nous pourrions...
- Que pensez-vous que nous devrions faire ?
- C'était ma faute.

Toutes ces déclarations mettent l'accent sur le collectif. Elles parlent de "nous" plutôt que de "je". Elles tiennent compte de l'avis des autres tout en cherchant des solutions. Elles ne cherchent pas à attribuer des responsabilités mais à trouver quelque chose de positif à retirer de la situation. La dernière affirmation est particulièrement intéressante. À première vue, admettre que vous êtes à blâmer ne semble pas du tout assertif. En fait, cela semble passif. Cependant, la capacité de reconnaître et d'admettre que vous avez fait une erreur requiert une grande confiance en soi. Cette attitude est également un élément important de l'amélioration de soi. Si vous pensez que vous n'avez rien à apprendre, vous ne pouvez pas vous améliorer. Les erreurs et les échecs sont parmi les meilleures occasions d'apprendre. Les personnes assertives peuvent admettre leurs erreurs sans perdre le respect. Les personnes agressives n'admettront jamais leurs erreurs et chercheront toujours à rejeter la faute sur les autres. Les personnes agressives n'apprennent pas de leurs erreurs.

J'espère que vous pouvez maintenant voir clairement la différence entre l'agression et l'affirmation de soi. Tout en vous efforçant de développer votre assertivité, vous devez éviter de glisser vers l'agression. Pour faire la différence, demandez-vous si vos actions améliorent la situation et mènent à des solutions. Si c'est le cas, vous faites probablement preuve d'assertivité. Si vos actions visent à blâmer les autres, à vous mettre en valeur et à rendre les autres malheureux, vous êtes probablement agressif.

Vous devez également éviter l'agressivité car elle est contre-productive. Les personnes agressives qui utilisent des tactiques d'intimidation peuvent sembler obtenir ce qu'elles veulent, mais cette stratégie est rarement viable à long terme. L'agressivité suscite des réactions négatives. Personne n'a envie de passer du temps avec une personne agressive, et ces personnes finissent souvent par être exclues et ignorées. Les personnes assertives sont également capables d'atteindre leurs objectifs, mais elles le font sans aliéner les personnes qui les entourent.

L'affirmation de soi est positive et axée sur les solutions, et elle incite au respect. L'agressivité est négative. Elle prend souvent racine dans l'insécurité et l'anxiété et conduit à l'aversion et à l'évitement. Sachez faire la différence et évaluez continuellement votre comportement pour vous prémunir contre l'agressivité.

BigBelly
SOLAR
DON'T
BE
AFRAID
OF
ANYONE

Les avantages de l'affirmation de soi

Apprendre à s'affirmer présente un certain nombre d'avantages reconnus. Examinons quatre des plus importants.

Amélioration de l'image de soi. L'image de soi est un concept important du bien-être mental. Elle comprend la vision physique que vous avez de vous-même, ce que vous voyez lorsque vous vous regardez dans le miroir. Mais elle implique également la façon dont vous vous imaginez dans votre tête. Voici une définition de l'image de soi :

> *"L'image de soi est la façon dont vous vous percevez. C'est un ensemble d'impressions de soi qui se sont accumulées au fil du temps. Ces images de soi peuvent être incroyablement positives, donnant à une personne confiance en ses pensées et ses actions, ou négatives, faisant douter une personne de ses capacités et de ses idées.* [6]*"*

L'image de soi implique souvent de se comparer à d'autres personnes. Nous évaluons notre propre attractivité et notre réussite en regardant les autres. Cette comparaison peut être déséquilibrée par l'agressivité, qui nous amène à voir tout le monde comme inférieur à nous, ou par la passivité, qui nous amène à voir tout le

---

[6] *Mountain State Centers for Independent Living*, website http://mtstcil.org/

monde comme supérieur à nous. Ni l'un ni l'autre n'est utile ou sain.

L'assertivité vous permet de communiquer vos propres besoins et préférences, mais elle vous encourage également à considérer les mêmes sentiments chez les autres. Cela vous aide à voir que les besoins des autres sont différents des vôtres. Cette capacité vous aide à accepter que vous ne pouvez pas toujours satisfaire les autres et que vos propres besoins sont pertinents et importants. Cela conduit à une image de soi plus équilibrée.

Amélioration de l'image de soi. L'image de soi est la façon dont nous nous voyons. L'estime de soi est la façon dont nous nous sentons par rapport à cette image. L'estime de soi concerne le respect que nous avons pour nous-mêmes et la valeur que nous accordons à nos propres sentiments et opinions. L'affirmation de soi nous apprend que nous avons le droit d'avoir ces sentiments et nous montre comment les exprimer. L'affirmation de soi nous amène également à comprendre que nos opinions ont de la valeur, même si quelqu'un d'autre n'est pas d'accord avec elles.

Les "people-pleasers" ont une estime d'elles-mêmes si faible qu'elles ont peur d'exprimer leurs opinions. Cette peur est en partie due à l'inquiétude de rendre les autres malheureux en disant ce qu'ils ressentent. C'est aussi parce qu'ils pensent que ce qu'ils ressentent n'a aucune valeur et ne vaut pas la peine d'être exprimé. Apprendre à s'affirmer renforce l'estime de soi.

Une meilleure compréhension des autres. Les "people-pleasers" n'ont qu'une faible compréhension des besoins ou des sentiments des autres. Leurs interactions sont superficielles et ne visent qu'à répondre de manière à rendre l'autre personne heureuse. En général, cela signifie être d'accord et ne pas comprendre en profondeur ce que ressent cette personne.

Les personnes assertives ne se contentent pas d'être d'accord tout le temps. Bien qu'elles puissent toujours apporter leur soutien, elles peuvent également remettre en question certaines croyances et suggérer d'autres comportements. Les personnes assertives comprennent également que d'autres personnes peuvent avoir des opinions différentes et peuvent faire des choix conscients concernant leurs sentiments. Les personnes assertives ont tendance à mieux comprendre leurs propres sentiments, ce qui les rend plus aptes à reconnaître et à comprendre ces sentiments chez les autres. Les personnes qui s'affirment ont généralement plus de chances de développer des relations honnêtes et mutuellement bénéfiques.

Amélioration de l'énergie. Les personnes agressives considèrent les autres comme une menace et perdent leur temps et leur énergie dans des conflits inutiles. Les personnes passives évitent tout conflit mais passent souvent du temps à se culpabiliser. Ces deux attitudes consomment de l'énergie mentale qui pourrait être mieux utilisée pour des actions positives.

Les personnes assertives sont axées sur les solutions. Elles savent ce qu'elles veulent, et elles savent comment communiquer ce besoin. Cependant, elles ne considèrent pas les divergences d'opinion ou même les conflits comme une attaque personnelle, et elles cherchent à les résoudre par l'action. Être trop passif ou agressif gaspille de l'énergie mentale à traiter des problèmes imaginaires. L'affirmation de soi vous aide à voir et à vous concentrer sur ce qui compte vraiment et à dépenser votre énergie à bon escient.

Une fois que vous avez compris ce qu'est l'affirmation de soi, vous pouvez voir les avantages qu'elle apporte. Cependant, de nombreuses personnes réagissent à cette connaissance presque avec désespoir. Ils peuvent voir les avantages, mais ils ne sont tout simplement pas assertifs ! Elles pensent qu'elles sont nées passives et qu'elles ne peuvent rien y faire. Heureusement, il s'agit simplement d'une incompréhension. L'affirmation de soi comprend un ensemble de compétences que tout le monde peut apprendre.

L'affirmation de soi comme compétence acquise

De nombreuses personnes rejettent l'idée d'apprendre à s'affirmer en disant qu'elles sont naturellement passives ou agressives. Dans la deuxième partie de ce livre, nous vous donnerons des compétences et des techniques que vous pouvez utiliser pour augmenter votre assertivité. La chose importante à accepter à ce stade est que votre façon d'être en ce moment n'est pas fixe et innée.

Que vous soyez passif ou agressif, vous n'êtes pas né comme ça. Vous avez appris ce comportement. L'être humain est doté d'un besoin d'acceptation sociale. Aux premiers jours de la race humaine, ce besoin était essentiel. Seul, il était impossible de construire un abri, de trouver suffisamment de nourriture ou de chasser. Ce n'est qu'en faisant partie d'un groupe que les gens pouvaient survivre. Nous ne nous battons plus contre des tigres à dents de sabre et, d'une manière générale, nous ne sommes plus préoccupés par la survie au quotidien. Cependant, notre besoin d'être accepté par un groupe est tout aussi fort.

Aucun enfant ne naît agressif ou passif. Ce sont des comportements que l'on apprend en grandissant et en cherchant à s'attirer les faveurs d'un groupe. Certains enfants apprennent à malmener ceux qui les entourent tandis que d'autres deviennent soumis dans l'espoir d'être appréciés par le groupe. Ces deux stratégies ne sont pas bonnes à long terme, mais elles semblent offrir un accès instantané à un groupe.

Au fur et à mesure que nous grandissons, ces sentiments sont renforcés. Nous ressentons toujours le besoin d'être accepté par nos collègues, nos amis et nos partenaires. De nombreuses personnes restent bloquées dans la même façon d'y parvenir, soit par l'agression, soit par la soumission. Cependant, l'accès à des groupes sociaux plus larges et plus complexes rend ces techniques moins efficaces. Une brute agressive peut être capable de faire faire aux autres enfants ce qu'elle veut dans la cour de récréation, mais cette même approche ne fonctionnera pas bien dans un environnement adulte.

Ainsi, lorsque vous prétendez que vous êtes naturellement passif, ce n'est pas vraiment vrai. C'est quelque chose que vous avez appris au fil du temps comme une stratégie pour vous permettre de vous entendre avec les autres. L'image que vous avez de vous-même est déformée. Tout comme il existe des troubles mentaux liés à la façon dont nous percevons notre physique, comme le trouble dysmorphique du corps (TDC), il existe des distorsions dans la façon dont nous percevons notre valeur.

S'affirmer implique de faire face à ces distorsions de l'image de soi et d'apprendre à accepter que vos besoins et vos sentiments ont une valeur et une importance. La simple utilisation des techniques d'affirmation de soi peut en fait aider à surmonter ces distorsions. En reconnaissant vos sentiments et en les communiquant aux autres, vous pouvez développer de nouvelles voies mentales, ou de nouvelles façons de penser qui sont positives et utiles.

Si vous sentez que vous manquez d'assurance, acceptez que cette déficience ne soit pas une facette fixe de votre personnalité. Vous avez appris à être ainsi. Heureusement, vous pouvez aussi le désapprendre. Ce ne sera pas facile, et cela prendra du temps, mais vous pouvez changer votre façon de penser et de vous comporter pour vous affirmer davantage.

Chapitre 3 : Vos croyances vous nuisent-elles ?

Nous avons tous des croyances qui régissent notre comportement. Il s'agit en grande partie de réponses automatiques et habituelles aux circonstances, et nous ne sommes souvent même pas conscients que certaines croyances nous poussent à agir d'une certaine manière. Parfois, il peut s'agir de croyances *toxiques* auto-limitatives et autodestructrices qui sapent ce que nous essayons d'accomplir.

Dans ce chapitre, nous allons examiner certaines des croyances les plus toxiques. Au cours de votre lecture, demandez-vous si elles s'appliquent à vous. Plus tard, nous vous proposerons des techniques et des approches spécifiques pour traiter ces questions.

Le besoin de plaire

Nous enseignons aux enfants l'importance du partage et de la prise en compte des besoins des autres. L'apprentissage de la compassion et de la générosité est un élément important du développement personnel, mais parfois, cet enseignement peut conduire à la croyance qu'il est égoïste de valoriser ses propres besoins. Il peut également conduire à baser l'image et l'estime de soi entièrement sur la façon dont nous faisons plaisir aux autres.

Nous sommes des créatures sociales et il est important d'apprendre à se soucier des autres. Mais si le besoin de plaire devient dominant, il peut fausser notre façon de penser et nous amener à considérer tout ce que nous faisons en fonction de son impact sur les autres, et non de ce que cela nous apporte.

Dans les cas extrêmes, les personnes souffrant de ce type de pensée déformée estiment qu'elles sont responsables du bonheur des autres. Si quelqu'un est malheureux, ces personnes se sentent coupables car elles se croient en quelque sorte responsables de ce malheur. Cette culpabilité peut être un puissant moteur de comportement, même si elle ne repose sur aucune réalité objective. Quand il est associé à une culpabilité supplémentaire, lorsque vous vous faites parfois passer en premier, ce stress peut entraîner des problèmes de santé mentale.

Les personnes qui ont un besoin extrême de plaire ont également tendance à avoir de mauvaises relations. Les relations normales et saines impliquent des concessions de part et d'autre. Les "people-pleasers" s'engagent totalement à assurer le bonheur de l'autre personne. Cette approche peut sembler fonctionner, mais ce n'est presque jamais le cas. L'autre personne dans la relation en vient généralement à considérer la soumission et le besoin de plaire comme une routine. Elle respectera rarement l'autre personne et ne sera généralement pas reconnaissante pour les tentatives de plaire, car celles-ci sont attendues. Le "people-pleaser" en éprouve souvent du ressentiment parce que ses actes de gentillesse ne semblent pas être reconnus, et elle peut se sentir coupable de ce ressentiment. La relation elle-même ne sera jamais plus que superficielle car le "people-pleaser" ne peut jamais être honnête de peur que cela ne rende l'autre personne malheureuse.

Vouloir que les personnes importantes de votre vie soient heureuses est normal et positif. Se sentir entièrement responsable de cette situation et ignorer ses propres besoins est destructeur. Poussé à l'extrême, le besoin de plaire peut être l'une des croyances toxiques les plus nuisibles et limitatives.

Insécurité et doute de soi

De nombreuses personnes souffrent d'une mauvaise image de soi et d'une faible estime de soi. Ces sentiments ont de nombreuses racines, des expériences de l'enfance aux relations antérieures à l'âge adulte, mais ils peuvent miner presque tout ce que vous faites.

Si vous pensez que vous n'êtes pas digne d'être aimé, respecté ou même apprécié, vous serez constamment à l'affût de signes de rejet. Afin d'éviter la possibilité d'être rejeté, vous agirez de manière à ne jamais rendre les autres malheureux. Vous pensez que la seule façon de vous assurer que les gens vous aiment est de leur faire constamment plaisir.

Vous ne vous sentez jamais capable de vous affirmer car cette ouverture pourrait contrarier les autres. Et, s'ils ne sont pas contents, vous pensez qu'ils risquent davantage de vous rejeter. Vous devenez complètement soumis parce que cela semble être la seule façon de continuer à recevoir de l'amour et de l'affection.

Les personnes souffrant de doute de soi et d'insécurité sont incapables d'entretenir des relations normales et saines. Elles sont constamment à l'affût des signes de rejet ou de désapprobation et les voient partout, même dans les commentaires et les actions les plus anodins. Elles broient du noir et se rendent encore plus soumises dans le but de devenir indispensables à l'autre personne. C'est à ces personnes que nous faisons référence lorsque nous utilisons des termes comme "*collant*".

Les personnes peu sûres d'elles sont émotionnellement en manque d'affection et ont constamment besoin d'être rassurées. Ces demandes deviennent éprouvantes et leur refus d'être honnête limite leurs relations au niveau le plus superficiel. L'insécurité et le doute de soi peuvent miner toute relation.

Le besoin d'être bon

Dès l'enfance, on nous apprend que le fait d'être "bon" est un élément central de la façon dont nous sommes considérés et appréciés par les autres. Il n'y a pas de plus grand éloge pour un jeune enfant que de s'entendre dire qu'il a été bon. Être bon signifie généralement faire plaisir aux autres en faisant ce qu'on vous dit et en faisant preuve de générosité et de compassion pour les sentiments des autres.

Ce sont tous des attributs positifs, et ils constituent un élément important pour permettre aux enfants d'apprendre à dépasser l'égoïsme inné des très jeunes. Cependant, ces croyances peuvent être déformées lorsque l'accent mis sur le soi est assimilé au "mal".

Lorsque cela se produit, une croyance émerge selon laquelle la seule façon d'être une bonne personne est de faire plaisir aux autres. Cette croyance aboutit à la présomption que si vous êtes altruiste en permanence et que vous ignorez complètement vos propres sentiments pour vous concentrer sur les besoins des autres, c'est bien. Si vous vous sentez également coupable d'accepter et de satisfaire vos propres besoins, vous risquez de développer une vision très déformée du monde et de votre place dans celui-ci.

Vos besoins et vos sentiments sont réels. Vous avez le droit de rechercher le bonheur en cherchant à satisfaire ces besoins. Ignorer complètement ces sentiments ne fait pas de vous une bonne personne. Au contraire, cela fait de vous une personne qui a complètement perdu le contact avec ses véritables croyances fondamentales. Un

égoïsme total est malsain, négatif. Un certain degré
d'estime de soi et d'intérêt personnel n'est pas seulement
normal, c'est un élément central du bien-être mental.

Peur de la confrontation et de la soumission

Peu de gens aiment les conflits, mais pour certaines personnes, la peur de toute forme de confrontation peut devenir si handicapante qu'elle entrave tout ce qu'elles font. Il existe de nombreuses raisons à cela, qui vont des expériences de l'enfance aux relations passées, en passant par la peur de contrarier les gens ou le sentiment que votre opinion ne vaut rien. Quelle qu'en soit la cause, si on laisse la peur de la confrontation se développer sans contrôle, elle peut devenir un problème majeur.

La confrontation n'est pas nécessairement synonyme de combat ou même de désaccord. Pour certaines personnes, toute conversation qui implique des niveaux élevés d'émotion peut ressembler à une confrontation. Elles considèrent qu'une émotion élevée comporte un risque de colère, de mécontentement et de rejet.

Ils font face en faisant tout ce qui est nécessaire pour éviter la confrontation. Dès que quelqu'un montre le premier signe d'émotion, ils se soumettent et font tout ce qu'ils peuvent pour rétablir le calme. Le problème est que, quel que soit le degré de docilité et de soumission d'une personne, un certain niveau de confrontation est inévitable. Les êtres humains sont des individus avec leurs propres besoins, motivations et désirs. Ces différences rendent inévitable un certain niveau de confrontation dans les environnements personnels et professionnels.

Vous ne pouvez pas vous soumettre au point d'éviter toute confrontation avec tout le monde, tout le temps. Un certain niveau de désaccord et de confrontation fait partie d'une interaction sociale normale. Si vous n'apprenez pas à développer des stratégies pour faire face à la confrontation, vous souffrirez d'une anxiété et d'un stress constants.

S'affirmer, c'est méchant !

Un obstacle important qui empêche les gens d'essayer de s'affirmer davantage est la notion que cette qualité est en quelque sorte désagréable. Ils pensent que c'est manquer de compassion et être impoli que de dire ce que l'on veut et que c'est totalement égoïste que de chercher à l'obtenir.

Après avoir lu jusqu'ici, vous devriez comprendre que c'est une erreur. L'affirmation de soi signifie apprendre à valoriser et à communiquer vos propres sentiments et besoins, mais adopter cette approche ne signifie pas que vous allez ignorer ce que ressentent les autres autour de vous. La vie est faite de compromis, et l'affirmation de soi vous donne les compétences et les techniques pour vous assurer que vous abordez tout ce que vous faites d'une manière équilibrée et positive.

Il n'est pas mauvais de tenir compte de ses propres sentiments. Pour être une personne équilibrée et compétente, il faut d'abord être pleinement conscient de ses convictions profondes. Cela vous permet de vous concentrer et de vous fixer des objectifs à atteindre. Sans ces objectifs, vous serez perdu et à la dérive dans un monde d'incertitude et d'insécurité. Avec des objectifs clairs, vous saurez qui vous êtes et ce qui vous rend heureux.

S'affirmer, ce n'est pas être méchant. Il s'agit de découvrir qui vous êtes et d'apprendre à exprimer ces valeurs d'une manière que les autres comprendront et respecteront. Votre désir d'aider et de soutenir les autres n'est pas incompatible avec l'affirmation de soi. En vous affirmant, vous deviendrez une personne plus heureuse et plus équilibrée. À long terme, cela vous rendra plus, et non moins, désireux et capable d'aider les autres.

Ce n'est pas ma faute !

Il y a une croyance toxique qui est très répandue. Il s'agit du sentiment que les autres personnes sont responsables de votre bonheur. C'est faux. Un élément fondamental de l'affirmation de soi et d'une bonne santé mentale est d'accepter que vous seul êtes responsable de votre propre bonheur.

Le bonheur est une émotion. Il ne s'agit pas d'une simple réaction à des événements extérieurs. Le bonheur est basé sur votre perception de ces événements. Aucune autre personne ne peut changer cette perception pour vous ou la rendre meilleure. "*Trouvez quelqu'un qui vous rende heureux*" est un conseil courant, mais il est fondamentalement faux. Les autres ne peuvent pas vous rendre heureux, mais ils peuvent vous rendre malheureux !

Le bonheur n'existe que dans votre propre esprit. En général, il provient d'actions et d'expériences qui correspondent à vos valeurs intérieures. Lorsque vous découvrirez les expériences qui vous rendent heureux, vous aurez peut-être la chance de trouver une autre personne qui partage les mêmes valeurs et qui aime les mêmes expériences. Ces sentiments partagés constituent une base solide pour toute amitié ou relation.

Votre relation avec les autres est basée sur votre relation avec vous-même. Si vous éprouvez du ressentiment, de la culpabilité, de l'insécurité ou de l'anxiété, ces sentiments seront projetés dans toutes vos relations. Si vous êtes satisfait de vous-même et que vous comprenez ce qui vous rend vraiment heureux, vous serez bien plus à même de nouer des relations satisfaisantes. Le bonheur n'est pas qu'une vague aspiration. Il est le fondement d'une vie épanouie. La recherche du bonheur est un choix que vous faites. Assumez la responsabilité de ce choix.

Dans le dernier chapitre, nous avons examiné comment certaines de vos propres croyances peuvent avoir un impact sur votre capacité à vivre une vie satisfaisante et à avoir des relations épanouissantes. Il est important d'avoir des croyances positives en soi, mais votre travail et vos relations personnelles impliquent d'autres personnes, et leurs croyances peuvent également avoir un impact significatif sur ce que vous ressentez.

Dans ce chapitre, nous allons examiner certains comportements courants mais toxiques que vous pouvez rencontrer chez d'autres personnes. Vous verrez que plus vous souffrez des croyances toxiques détaillées dans le chapitre précédent, plus vous êtes vulnérable aux comportements manipulateurs des autres. Plus tard, nous vous dirons comment faire face à ces comportements, mais pour l'instant, lisez ce chapitre et voyez si vous pouvez identifier certains de ces traits chez des personnes que vous connaissez.

Manipuler la culpabilité

Certaines personnes semblent être expertes dans l'art d'exploiter votre culpabilité et d'utiliser ces émotions pour vous faire faire ce qu'elles veulent. L'utilisation de la culpabilité de cette manière, le "guilt-tripping", est reconnue comme une forme de manipulation émotionnelle. Certains psychologues vont plus loin en l'identifiant comme une forme d'intimidation, voire d'abus. Comment reconnaître que quelqu'un utilise la culpabilité pour vous manipuler ?

Commençons par définir ce que nous entendons par culpabilité. Les mots "*culpabilité*" et "*honte*" sont souvent utilisés de manière interchangeable dans la conversation, mais lorsqu'ils sont utilisés comme termes psychologiques, ils sont différents. La honte est une réaction interne basée sur le fait que nous ne nous conformons pas à l'image que nous avons de nous-mêmes. La culpabilité est le regret de la façon dont nous avons traité quelqu'un d'autre. Imaginez que vous soyez à une réunion sociale et que vous disiez quelque chose de délibérément blessant à quelqu'un. Vous pouvez ressentir de la honte parce que vous aimez imaginer que vous n'êtes pas le genre de personne qui fait cela. Vous vous sentez également coupable en raison de la douleur que vous avez causée à l'autre personne. La honte est entièrement basée sur nos propres valeurs intérieures, qui ne sont pas forcément évidentes pour quelqu'un d'extérieur. La culpabilité est plus facile à manipuler car elle découle de circonstances extérieures.

Dans l'exemple ci-dessus, il est normal de se sentir coupable d'avoir été blessant." Ce sentiment n'est pas dû à la manipulation. La manipulation se produit lorsque quelqu'un essaie de vous faire sentir coupable de quelque chose qui n'est pas vraiment de votre faute. Elle essaie de créer un faux sentiment de culpabilité en vous faisant sentir responsable à la fois de ses sentiments et de son bonheur. Cette stratégie est plus efficace lorsque le manipulateur est émotionnellement proche de vous, un ami ou un membre de la famille, par exemple. Plusieurs techniques sont utilisées pour manipuler la culpabilité.

La tactique la plus courante pour une autre personne consiste à essayer de vous faire sentir responsable de son malheur. Vous devez vous demander si vos actions (ou votre inaction) sont responsables de ce que cette personne ressent ? Si c'est le cas, le sentiment de culpabilité est une réponse raisonnable. Cependant, si son malheur n'est pas dû à ce que vous avez fait, elle peut quand même essayer de provoquer un sentiment de culpabilité pour que vous fassiez ce qu'elle veut. Cette méthode est particulièrement efficace si vous êtes un "people-pleaser" qui se considère comme responsable du bonheur de chacun. Les culpabilisateurs sont très doués pour identifier et cibler les "people-pleasers". Prenez du recul et examinez la situation. Êtes-vous responsable du malheur de cette personne ? Si non, choisirez-vous de l'aider ? Si vous le faites, c'est très bien, tant que vous êtes certain de ne pas être manipulé par un faux sentiment de culpabilité.

Une autre tactique courante consiste à utiliser cette phrase : *"Souviens-toi de ce que j'ai fait pour toi !"* Dans cette situation, le manipulateur fera référence à des cas passés où il vous a aidé. Cette aide peut être réelle ou imaginaire et, en apparence, il est difficile de résister à cette tactique. Il semble parfaitement raisonnable que la personne vous rappelle un événement passé et vous fasse comprendre qu'elle attend de vous que vous lui rendiez la pareille. Mais prenez un moment pour y réfléchir. Ce que la personne affirme est-il vraiment vrai ? Vous a-t-elle apporté de l'aide ou du soutien lorsque vous en aviez besoin ? Les personnes qui vous culpabilise pour obtenir ce qu'elles veulent sont souvent peu sûres d'elles et nécessiteuses, et elles ne font généralement pas de bons amis, de bons collègues ou de bons partenaires. Donc, si vous considérez la situation objectivement, vous verrez peut-être que leur demande n'est pas fondée.

Même si quelqu'un vous a apporté de l'aide dans le passé, vous devez vous demander pourquoi il y fait référence. Une personne qui vous aide vraiment pour des raisons positives ne le fait pas dans l'espoir que vous fassiez de même pour elle. Elle ne vous rappellera pas non plus son aide passée pour vous amener à faire ce qu'elle veut. Si une personne utilise cette technique, elle essaie très certainement d'utiliser votre sentiment de culpabilité pour vous manipuler.

Les manipulateurs de culpabilité peuvent également utiliser cette tactique pour essayer de détourner l'attention de quelque chose qu'ils ont fait en déplaçant la base de la discussion. Imaginez, par exemple, que vous soyez tombé sur une série de courriels envoyés et reçus par votre partenaire, qui sont plus que légèrement coquets. Vous êtes en colère et vous confrontez votre partenaire. Au lieu de discuter du contenu des courriels, il prétend être scandalisé par cette intrusion dans sa vie privée. Il essaie de vous faire porter le chapeau et, ce faisant, de détourner la discussion de son propre comportement.

Chaque fois que vous vous trouvez face à une personne qui vous culpabilise, posez-vous une question simple : avez-vous fait quelque chose pour laquelle vous vous sentez coupable ? En d'autres termes, vos actions ou votre inaction sont-elles à l'origine du malheur de cette personne ? Si vous êtes directement responsable, cette personne peut être tout à fait justifiée de vous dire ce qu'elle ressent et d'attendre de vous une réponse. Si vous n'êtes pas responsable, mais que la personne essaie quand même de vous faire sentir coupable, vous avez peut-être affaire à une personne qui vous culpabilise. Cette situation ne signifie pas que vous ne pouvez pas lui offrir votre soutien, mais que vous devez vous prémunir contre la manipulation.

Chantage émotionnel

Le chantage affectif est un terme que la plupart des gens ont déjà entendu, mais qu'est-ce qu'il signifie ? Cette expression existe depuis les années 1940[7], mais elle a été popularisée à la fin des années 1990 par la psychothérapeute Susan Forward dans son livre *Emotional Blackmail : When the People in Your Life Use Fear, Obligation, and Guilt to Manipulate You*. Dans ce livre, Forward décrit l'utilisation de ce qu'elle appelle FOG ("Fear" pour Peur, "Obligation" pour Obligation et "Guilt" pour Culpabilité) pour manipuler les gens dans leurs relations. Le chantage émotionnel est désormais un terme largement accepté pour décrire la dynamique transactionnelle de certaines relations.

Le chantage affectif consiste pour une autre personne à utiliser vos propres sentiments pour vous manipuler. Cette tactique peut être similaire à la manipulation de la culpabilité, mais elle utilise aussi d'autres sentiments. On l'appelle chantage parce qu'il prend généralement la forme d'une menace, avec quelqu'un qui dit (ou du moins sous-entend) : "*Faites ce que je veux ou subissez les conséquences*". Forward décrit quatre formes différentes que peuvent prendre ces menaces.

> La **menace du punisseur** est probablement la forme la plus courante et la plus évidente de chantage affectif. Les punisseurs utilisent des menaces ouvertes pour obtenir ce qu'ils veulent.

---

[7] Emotional Blackmail Climate, Journal of the National Association of Deans of Women, 1947.

Ils peuvent être agressifs, et leur menace prend souvent la forme de "*Si tu fais X, je ferai Y*". Les sanctions imposées par les punisseurs peuvent inclure le retrait de l'affection physique, le "traitement silencieux", l'abandon ou même la violence physique. Les punisseurs sont l'incarnation de la philosophie du "*c'est ça ou rien*". Ils veulent une relation qui soit entièrement à leurs conditions ou pas de relation du tout. Les punisseurs utilisent généralement des menaces explicites et la peur des conséquences réelles ou imaginaires pour obtenir ce qu'ils veulent : "*Si tu ne fais pas ce que je veux, je te quitterai.*" Parce qu'elle a tendance à être évidente, la menace du punisseur est l'une des formes de chantage affectif les plus faciles à reconnaître.

La **menace de l'auto-punisseur** est similaire mais utilise une base différente pour manipuler vos sentiments. Au lieu de s'appuyer sur la peur, l'auto-punisseur invoque votre sentiment de culpabilité pour vous manipuler. Comme le punisseur, l'auto-punisseur utilise des déclarations basées sur "*Si tu fais X, je ferai Y*", mais au lieu de menaces destinées à susciter la peur, les conséquences sont dépeintes comme nuisibles pour le manipulateur. "*Si tu ne vas pas à la fête avec moi, je vais devenir dépressif*" ou "*Si tu me quittes, je vais me suicider*". L'auto-punisseur souffre souvent d'un manque d'estime de soi, et il peut croire sincèrement que vous êtes responsable de son bonheur. Elle peut refuser d'assumer la responsabilité de sa propre vie. Elle peut être dans le besoin. Il jouera sur votre sens des responsabilités pour obtenir ce qu'il veut. Les personnes qui s'auto-punissent cherchent désespérément à prendre le contrôle de leurs relations, et elles auront recours aux moyens les plus dramatiques pour y parvenir. Les auto-punisseurs sont rarement subtils et, comme les punisseurs, ils sont généralement faciles à identifier.

La personne qui **souffre** est similaire à celle qui s'auto-punit, mais au lieu de menacer de conséquences basées sur des facteurs internes, elle prétend que si vous ne faites pas ce qu'elle veut, elle sera affectée par des facteurs externes négatifs. Par exemple, imaginez que vous voyez un ami flirter avec une personne qui n'est pas son partenaire. L'ami se rend compte que vous l'avez vu et utilise la menace suivante : "*Si tu le dis à mon partenaire, cela ruinera notre relation.*" Comme toutes les autres formes de chantage affectif, cette manipulation cherche à vous transférer la responsabilité. Dans cet exemple, elle tente de vous faire sentir responsable d'une relation et du bonheur de la personne concernée. Ce qui est remarquable dans cette forme de chantage affectif, c'est qu'elle peut être difficile à identifier. Les punisseurs et les auto-punisseurs sont faciles à repérer car ils profèrent des menaces ouvertes. Les personnes qui en souffrent ne disent pas toujours ouvertement ce qu'elles pensent. Elles peuvent se fier au langage corporel ou à un manque d'affection pour vous faire savoir ce qu'elles ressentent. Parfois, il semble que les personnes atteintes s'attendent à ce que vous soyez capable de lire dans leurs pensées, et elles se mettent en colère et sont frustrées lorsque vous ne pouvez pas le faire.

Le **tentateur** est le plus subtil de tous les maîtres chanteurs émotionnels. Plutôt que d'utiliser la menace de sentiments négatifs comme la peur et la culpabilité pour obtenir ce qu'il veut, ce type de maître chanteur utilise de vagues promesses de récompenses futures. Il peut sembler promettre une relation parfaite, une carrière fulgurante ou une récompense qui apportera une gratification émotionnelle, financière ou physique. Ils fixent une série de tests que vous devez réussir pour recevoir la récompense. La série de tests devient de plus en plus longue, et la récompense promise s'éloigne de plus en plus. Les tentateurs ne tiennent pas leurs promesses. Ils n'ont jamais l'intention de fournir la récompense qu'ils semblent offrir. Il s'agit simplement d'une façon d'utiliser votre espoir et vos attentes pour obtenir ce qu'ils veulent.

Il est important de pouvoir reconnaître les quatre principaux types de maîtres chanteurs affectifs. Toutefois, vous ne devez pas supposer que ces quatre types sont distincts. Il n'y a pas de frontières définitives entre ces formes de chantage, et une personne manipulatrice peut utiliser les quatre formes de chantage pour obtenir ce qu'elle veut. Quelle que soit la forme utilisée, le processus de chantage affectif suit généralement six étapes distinctes :

- **Demande**. Il y a quelque chose que le maître chanteur veut. Cet objectif peut être intangible et émotionnel (plus d'affection, plus d'amour), ou concret et physique (une nouvelle voiture, une promotion au travail).
- **Résistance**. Le sujet du chantage ne se sent pas à l'aise pour fournir ce que le maître-chanteur veut.
- **La pression.** Le maître chanteur fait pression pour obtenir ce qu'il veut.
- **La menace.** Le maître chanteur utilise la peur ou la culpabilité, ou dans le cas du tentateur, la promesse d'une récompense, pour augmenter la pression sur le sujet.
- **Conformité.** Le sujet cède et fournit au maître chanteur ce qu'il veut.
- **La répétition.** Ayant découvert que cette technique lui permet d'obtenir ce qu'il veut, le maître chanteur l'utilisera encore et encore.

Le chantage est utilisé pour exercer une pression afin de vous faire agir d'une manière qui vous met mal à l'aise et qui peut même aller à l'encontre de vos valeurs fondamentales. Pour cette raison, le fait de céder au chantage affectif vous donne une mauvaise image de vous-même et affecte votre estime et votre image de soi. Vous devez être attentif aux techniques utilisées par les maîtres chanteurs affectifs. Une fois que vous aurez appris à les reconnaître, il sera plus facile de s'en défendre.

Comportement passif-agressif

Il n'est pas facile de s'affirmer et d'utiliser une communication émotionnelle ouverte. De nombreuses personnes essaient d'atteindre leurs objectifs non pas en s'affirmant ouvertement, mais en utilisant un comportement indirectement agressif, en cachant des sentiments négatifs sous un langage apparemment positif. Cette stratégie conduit à une déconnexion fondamentale entre ce que ressent une personne et ce qu'elle dit. Le terme *"passif-agressif"* a été utilisé pour la première fois pendant la Seconde Guerre mondiale pour décrire des soldats qui trouvaient des moyens de ne pas exécuter les ordres, sans pour autant refuser directement d'obéir.

Les personnes qui adoptent ce comportement peuvent avoir vécu une enfance où l'expression des émotions n'était pas encouragée ou où toute forme de désaccord était considérée comme une menace. Elles peuvent simplement apprendre ce comportement à l'âge adulte et découvrir qu'il leur permet d'obtenir ce qu'elles veulent tout en évitant la confrontation directe. Les gens peuvent être passifs-agressifs uniquement dans certaines situations. Par exemple, une personne peut se comporter de cette manière au travail mais pas dans ses relations personnelles.

Les personnes qui souffrent de ce comportement ne le reconnaissent souvent pas comme un problème. Elles considèrent qu'il s'agit d'éviter les conflits ou de blesser les sentiments d'autrui. Elles peuvent le justifier comme un moyen d'annuler les problèmes potentiels au travail, où un simple refus de faire quelque chose peut avoir de graves conséquences. Tout le monde peut parfois se comporter de cette façon. Nous avons tous été dans une situation où nous aimerions dire quelque chose, mais nous ne le faisons pas, souvent parce que nous voulons éviter un conflit. Cependant, si cela devient la façon habituelle de réagir au stress, cela peut devenir un problème.

Comment reconnaître une personne qui se montre passive-agressive ? Le signe le plus évident est le décalage entre ce que la personne dit et les indices non verbaux qu'elle donne. La personne peut dire "*Non, ça ne me dérange pas que tu sois en retard*", mais son impatience manifeste et ses regards sur sa montre montrent que ce n'est pas ce qu'elle ressent vraiment. Et lorsqu'elle ajoute : "*Cela va me mettre en retard pour ma prochaine réunion, mais je suppose que cela ne pose pas de problème*", vous comprenez que ce n'est pas du tout le cas. Cependant, toutes les formes de comportement passif-agressif offrent à l'utilisateur le luxe d'un "*déni plausible*". Si vous le confrontez directement, il peut nier qu'il est en colère.

L'un des signes classiques de la passivité-agressivité est de laisser des actions en suspens. Que ce soit au travail ou à la maison, la personne passive-agressive vous dira rarement franchement qu'elle ne veut pas faire quelque chose. Au contraire, elle semble d'accord pour le faire. Mais d'une manière ou d'une autre, cette chose ne semble jamais être faite. La personne passive-agressive aura toujours des excuses pour expliquer pourquoi il en est ainsi, de sorte que si vous la confrontez, elle pourra prétendre qu'elle a vraiment l'intention de faire cette chose. Souvent, elle vous dira que la tâche est presque terminée, mais qu'elle ne l'est jamais tout à fait. Ce trait de caractère fait des personnes passives-agressives des employés, des collègues et des partenaires exaspérants. Quoi que vous suggériez, elles seront d'accord. Mais elles trouveront des raisons de ne pas le faire sans avoir à affronter directement leurs propres sentiments de colère, de blessure ou de frustration.

L'un des facteurs qui rendent ce comportement si difficile à gérer est que la personne qui en souffre n'en est peut-être même pas consciente. Certaines personnes passives-agressives sont tellement habituées à cacher leurs sentiments négatifs qu'elles semblent presque avoir oublié qu'elles les éprouvent. Si on l'interroge, une personne passive-agressive niera presque toujours qu'elle ressent, par exemple, de la colère, même si son langage corporel et d'autres indices non verbaux montrent clairement qu'elle est en colère. Comment pouvez-vous être certain que quelqu'un est passif-agressif ?

L'une des formes classiques de ce comportement est le retrait du contact. Ou, comme on l'appelle chez les enfants, la bouderie. Si vous avez fait quelque chose qui ne plaît pas à la personne passive-agressive, elle peut vous ignorer complètement. Ce comportement peut aller du silence à un manque de contact visuel moins évident, en passant par l'absence "*accidentelle*" de salut ou de participation à une conversation. Cette dernière approche est plus populaire car, si elle est contestée, la personne passive-agressive pourra nier qu'elle vous a ignoré.

Les personnes passives-agressives sont également passées maîtres dans l'art de l'insulte subtile. Il s'agit d'une attaque sur votre point faible qui est tellement déguisée que, si nécessaire, elle peut être niée ou même présentée comme un compliment. Après tout, qu'y a-t-il de mal à dire : "*Hé, ça rend bien. Les rayures sont si amincissantes* !" Sauf qu'il est peut-être destiné à attirer l'attention sur votre poids autant qu'à être un véritable compliment. L'un des aspects les plus difficiles du traitement d'une personne passive-agressive est qu'il est si difficile de la confronter à ce qu'elle fait. Toutes leurs actions sont soigneusement conçues pour être niables et, dans de nombreux cas, elles ne sont même pas pleinement conscientes de ce qu'elles font.

Mais, tout comme les autres comportements décrits dans ce chapitre, le comportement passif-agressif est en fin de compte une question de contrôle. Plus précisément, il s'agit d'obtenir ce que vous voulez sans le stress du conflit ou l'honnêteté de l'affirmation de soi.

STAY CLOSE
TO PEOPLE
WHO FEEL LIKE
SUNSHINE.

Preneurs toxiques

Le dernier type de comportement dont vous devez vous prémunir est celui du preneur toxique. Il s'agit de la personne qui vous prendra tout ce qu'elle peut, simplement parce qu'elle se sent autorisée à le faire. Elle prendra votre temps et votre énergie, attendra de vous que vous lui fassiez des faveurs, et en retour, elle ne vous donnera que du ressentiment et de la négativité.

L'expression "*preneurs toxiques*"[8] a été utilisée pour la première fois par Adam Grant, psychologue organisationnel et chroniqueur au New York Times. Grant décrit les trois orientations dont nous sommes tous capables : ceux qui donnent, ceux qui prennent et ceux qui échangent. Les donneurs apportent leur soutien et leurs encouragements sans rien attendre en retour. Les échangeurs apportent leur soutien mais s'attendent à être soutenus en retour. Les preneurs saisissent les opportunités pour eux-mêmes, accaparent les ressources rares, s'attribuent tout le mérite de la réussite et volent les idées. Cela crée une atmosphère toxique de méfiance et de concurrence. C'est pourquoi on les appelle les "preneurs toxiques".

Les preneurs toxiques existent sur le lieu de travail et ailleurs. Certaines personnes peuvent être des preneurs toxiques à un endroit et agir différemment dans un autre

---

[8] Successful Givers, Toxic Takers, and the Life we Spend at Work. On-line discussion between Adam Grant and On Being host Krista Tippet. https://onbeing.org/programs/adam-grant-successful-givers-toxic-takers-and-the-life-we-spend-at-work/ Original Air Date, October 2015.

environnement. Les preneurs toxiques représentent un danger particulier pour les personnes qui ne s'affirment pas. Les preneurs toxiques peuvent être des collègues, des frères et sœurs, des amis, des voisins ou des connaissances. Ce qu'ils ont en commun, c'est le sentiment d'avoir le droit de profiter de votre expertise et des résultats de votre travail.

Le preneur toxique se présente souvent comme quelqu'un qui est très conscient de ses propres défauts. Il peut sembler attachant et mauvais dans tout ce qu'il fait. Sa conversation est empreinte d'autodérision et se concentre sur ses échecs et ses incapacités. Au début, cela ne semble pas si mal. Mais ensuite, vous commencez à remarquer qu'ils ne veulent parler que d'eux-mêmes, jamais de vous. Et vous remarquez qu'ils demandent constamment votre aide. Lorsque vous leur donnez cette aide, non seulement ils ne la reconnaissent pas, mais ils font parfois passer ce que vous les avez aidés à faire pour leur propre travail.

En prenant encore plus de temps, vous pourriez vous rendre compte d'autre chose. Ce preneur toxique ne vous aime pas beaucoup en réalité. Il vous en veut de votre réussite apparente et du fait qu'il a besoin de votre aide. Non seulement il prend tout ce que vous pouvez lui donner, mais il peut même s'efforcer d'influencer ce que les autres pensent de vous. Les preneurs toxiques se présentent sous quatre formes distinctes.

Le premier type de preneur toxique est la personne qui ne passe du temps avec vous que lorsqu'elle veut quelque chose. Cette personne qui passe son temps à bavarder à votre bureau au travail mais qui vous ignore lors des rencontres sociales est peut-être un preneur toxique. Ne vient-elle jamais vous voir au travail que pour que vous l'aidiez avec l'imprimante ou pour avoir des idées pour son dernier rapport ? Dans un contexte social, il se peut qu'il n'attende rien de vous et qu'il ne prenne pas la peine de passer du temps avec vous.

Le deuxième type de preneur toxique est la personne qui vous rendra la pareille, mais seulement si elle y est contrainte. Cette personne va régulièrement déjeuner avec vous, mais vous vous rendez compte que c'est toujours vous qui payez. Vous le lui faites remarquer, et l'autre personne est obligée d'accepter et de payer. Mais à l'avenir, vous constaterez peut-être que son emploi du temps est soudainement devenu trop chargé pour qu'elle puisse trouver le temps de déjeuner avec vous.

Le troisième type de preneur de toxiques vous aidera, mais il voudra une récompense Immédiate. Oui, il vous ramènera chez vous, mais il vous demandera de l'argent pour couvrir le carburant supplémentaire. Il peut même s'agir d'un partenaire qui ira chercher les courses que vous avez oubliées, mais il voudra recevoir la moitié de l'argent immédiatement.

Le quatrième type de preneur de toxiques est le plus courant. Il s'agit de personnes qui passent du temps avec vous et attendent de vous que vous les souteniez et les encouragiez, mais en retour, elles ne vous apporteront rien. Parfois, il semble que ce type de personne ne vous connaisse pas du tout. Elle ne saura certainement pas quand est votre anniversaire, et elle sera surprise quand vous lui parlerez de vos nouveaux cours du soir (malgré le fait que vous lui ayez dit tout cela et combien vous étiez excité et nerveux la dernière fois que vous avez parlé). Ce type de preneur de toxiques peut être difficile à repérer. Ce n'est peut-être que lorsque vous vous rendez compte qu'il n'écoute rien de ce que vous dites que vous comprenez qu'il ne vous connaît pas du tout et qu'il s'en soucie encore moins.

Tous les preneurs toxiques sont un problème. Ils prennent votre temps, votre énergie et votre soutien, et ne donnent rien en retour.

Partie 2 : Comment accroître votre assertivité

Dans la première partie de ce livre, nous avons expliqué en détail comment vos propres croyances et celles des personnes que vous côtoyez peuvent vous empêcher de vous affirmer. Au cours de votre lecture, nous espérons que vous avez identifié comment ces croyances ont un impact sur votre vie.

Maintenant, il est temps de commencer à parler des mesures que vous pouvez prendre pour résoudre ces problèmes. Il est temps pour vous d'apprendre à vous affirmer.

Passez un test d'assertivité

Il est utile de comprendre à partir de quel niveau d'affirmation de soi vous êtes. Pour l'évaluer, faites le petit test ci-dessous. Dans chaque cas, un scénario vous est présenté. Choisissez la réponse "a", "b" ou "c" qui représente le mieux votre réaction typique. Notez vos réponses.

1) **Vous quittez un magasin et vous vous rendez compte que le montant de la monnaie qui vous a été rendu est erroné. Est-ce que vous :**
   a) Faites comme si de rien n'était. Le magasin était occupé. Le serveur a probablement fait une erreur, et ce n'était pas une grosse somme d'argent de toute façon.
   b) Retournez dans le magasin, demandez à parler au responsable et lui dites que le serveur s'est trompé.
   c) Retournez dans le magasin, parlez au serveur et lui faites remarquer qu'il a fait une erreur.

2) **Vous emmenez votre voiture au garage pour la faire réparer. On vous donne une estimation du coût, mais à votre retour, la facture comprend des frais supplémentaires pour des réparations supplémentaires. Est-ce que vous :**
   a) Payez la facture sans faire de commentaires sur le travail supplémentaire.
   b) Refusez de payer la facture.

c)   Faites remarquer que ce montant est supérieur
     au prix convenu et demandez au manager
     d'expliquer le travail supplémentaire.

3) **Vous regardez une émission de télévision
    intéressante. Votre partenaire/ami/colocataire
    entre et vous demande de l'aide. Est-ce que vous :**
    a)   Éteignez la télévision et l'aidez immédiatement.
    b)   Refusez d'aider parce que vous regardez
         l'émission.
    c)   Expliquez que vous regardez l'émission et
         demandez si vous pouvez l'aider après la fin.

4) **Un ami vous rend visite. Il reste plus longtemps que
    prévu, ce qui vous empêche de terminer une tâche
    importante. Est-ce que vous :**
    a)   Ne dites rien et espérez que vous pourrez trouver
         du temps supplémentaire pour terminer la tâche
         lorsqu'il partira.
    b)   Dites à votre ami que vous avez quelque chose à
         faire et lui demandez de partir pour que vous
         puissiez terminer votre tâche.
    c)   Lui expliquez que vous avez quelque chose à faire
         et lui demandez si vous ne pourriez pas vous
         revoir à un meilleur moment.

5) **Vous invitez un ami à dîner. Il n'arrive pas et
    n'appelle pas. Est-ce que vous :**
    a)   Ne dites rien, mais la prochaine fois que cet ami
         vous invite à dîner, acceptez l'invitation mais n'y
         allez pas.

b) Blâmez votre ami et le critiquez en présence d'autres personnes.

c) Appelez l'ami et lui demandez s'il a un problème.

6) Vous participez à une discussion sur un projet de travail. Un collègue vous pose une question sur votre contribution. Vous ne connaissez pas la réponse. Est-ce que vous :

a) Inventez une réponse qui semble plausible et que personne ne reconnaîtra comme un mensonge.

b) Détournez la question en posant au collègue une question à laquelle vous savez qu'il sera difficile ou impossible de répondre.

c) Admettez que vous ne connaissez pas la réponse, mais dites au collègue que vous allez vous renseigner et revenir vers lui.

7) Vous avez l'impression que quelqu'un ne vous aime pas, mais vous n'arrivez pas à trouver de raison à cela. Est-ce que vous :

a) Vous inquiétez, mais ne dites rien au cas où vous offenseriez la personne.

b) Pensez à des moyens de vous venger de la personne.

c) Confrontez la personne en lui demandant s'il y a un problème.

Dans chaque cas, "a" représente une réponse passive, "b" une réponse agressive, et "c" un comportement assertif. Dans toute situation donnée, les gens réagissent généralement de l'une de ces trois manières. Vous pouvez constater que les réponses passives n'apportent pas de solutions et peuvent vous laisser un sentiment de colère et de frustration. Les réponses agressives peuvent donner des résultats à court terme, mais elles laissent également les autres personnes en colère et pleines de ressentiment. Les réponses assertives sont axées sur la recherche d'une solution tout en maintenant vos droits et en protégeant vos sentiments.

Au fur et à mesure que vous travaillez sur cette partie du livre, vos réponses devraient commencer à changer. Lorsque vous aurez commencé à mettre en pratique certaines des stratégies pour vous affirmer davantage, vous voudrez peut-être revenir sur ce test pour voir si vos réponses ont changé.

L'assertivité est un choix

Vous déterminez comment vous réagissez aux problèmes. Les personnes passives ont souvent l'impression qu'elles n'ont pas le choix et se disent qu'elles sont obligées d'agir comme elles le font. En réalité, être passif est un choix. Ne rien dire est un choix. Accepter les brimades est un choix. Toujours faire ce que les autres disent est un choix. Le problème des personnes passives est qu'elles ont une vision biaisée des conséquences de leurs actions.

Elles se disent qu'il vaut mieux ne pas dire ce qu'elles pensent, car si elles le font, les gens risquent de ne pas les aimer. Elles se disent qu'il vaut mieux ne pas tenir tête à leur patron, car elles risquent de perdre leur emploi. Elles se disent qu'il vaut mieux faire ce que veut leur partenaire, sinon la relation risque de prendre fin. Ces perceptions ne sont pas vraies. C'est simplement la façon dont les personnes passives voient le monde et ces perceptions sont les raisons des choix que font les personnes passives.

Les personnes agressives font également des choix. Elles ont découvert que l'agressivité est un moyen de couvrir l'insécurité et le doute de soi et que l'agressivité est un moyen de prendre le contrôle. Elles poursuivent leur comportement tyrannique et autoritaire parce qu'elles ne voient pas d'autre moyen d'obtenir ce qu'elles veulent.

Si vous pouvez reconnaître l'agression et la passivité, vous pouvez espérer voir que la troisième alternative, l'affirmation de soi, est la meilleure approche pour vous et les autres. Mais, tout comme la passivité et l'agressivité, l'affirmation de soi s'apprend.

Il existe un lien clair et direct entre la confiance en soi et la capacité à s'affirmer. Les personnes passives souffrent souvent d'un manque de confiance en elles et cherchent à renforcer cette carence en se transformant en personnes complaisantes. S'affirmer davantage vous aidera à renforcer votre confiance en vous, mais pour s'affirmer, il faut avoir confiance en soi. Comment pouvez-vous renforcer votre confiance en vous pour commencer ? Nous vous proposerons plus tard des stratégies détaillées pour renforcer votre confiance en vous, mais en attendant, voici quelques conseils :

> **Ne vous comparez pas aux autres.** Il n'est pas sain de se comparer à des amis, des collègues ou des membres de la famille. Il est trop facile de se sentir inadéquat et envieux. Une étude de 2018 [9] a trouvé un lien direct entre la jalousie et la confiance en soi. Lorsque vous vous surprenez à vous sentir comme un raté parce que vous n'êtes pas aussi attirant/riche que d'autres personnes, arrêtez ! La vie n'est pas une course. Vous n'êtes pas en compétition avec ces personnes, et leur réussite ne fait pas de vous un raté. Vous avez de nombreuses réussites dont vous pouvez être fier.

---

[9] Vrabel JK, Zeigler-Hill V, Southard AC. Self-esteem and envy: Is state self-esteem instability associated with the benign and malicious forms of envy? Personality and Individual Differences, 2018.

Concentrez-vous sur ces réussites et continuez à travailler pour atteindre vos objectifs personnels.

Apprenez l'autocompassion. Ne vous culpabilisez pas si vous faites une erreur ou si vous ne parvenez pas à réaliser quelque chose. Les échecs sont des occasions d'apprendre et les seules personnes qui n'échouent jamais sont celles qui n'essaient jamais rien. Au lieu de cela, traitez-vous avec gentillesse et compréhension, comme vous le feriez si vous aviez affaire à une autre personne.

Célébrez vos réussites. Il est trop facile de tomber dans le piège de se concentrer sur nos échecs et de ne pas remarquer nos nombreuses réussites. Faites un effort conscient pour prendre note des activités que vous faites bien. Félicitez-vous. Reconnaissez ce que vous savez faire.

Essayez quelque chose de nouveau. Notre cerveau s'épanouit en relevant le défi de la nouveauté, mais souvent, la peur nous retient. Essayez de faire quelque chose qui vous fait peur. Lorsque vous réussirez, vous serez étonné de voir à quel point vous vous sentirez plus confiant.

Ce dernier point est très important dans le contexte de l'affirmation de soi. Pour beaucoup de gens, l'idée d'apprendre une nouvelle compétence les rend très nerveux. Lorsque vous apprenez les compétences dont vous avez besoin pour vous affirmer, vous découvrez à quel point cela renforce votre confiance en vous.

Vous pouvez également renforcer votre confiance en vous et votre force pour faire face à l'adversité en développant votre résistance mentale. En développant la résilience mentale, vous améliorerez également votre confiance en vous et votre courage pour faire face à l'adversité. Vous découvrirez à la fin de ce livre comment la résistance mentale peut vous aider à renforcer votre confiance en vous et à atteindre vos objectifs, comme être plus confiant et affronter les défis que la vie peut vous lancer.

Connaître ses propres besoins

Nous avons tous des besoins, psychologiques et physiques. Tous nos besoins ne peuvent pas tout le temps être entièrement satisfaits. Cette prise de conscience fait partie du coût de la vie dans une société. Nous devons parfois mettre de côté nos propres besoins afin de répondre aux besoins plus importants des autres. Ce genre de compromis est normal et naturel.

Les besoins sont importants. Ils ne sont pas complaisants ou simplement des rêves dont nous savons qu'ils ne se réaliseront jamais. Ils constituent vos valeurs fondamentales et, s'ils ne sont jamais satisfaits, vous risquez d'être frustré, insatisfait et même déprimé. Il est trop facile de perdre de vue ses propres besoins, surtout si l'on passe son temps à se concentrer sur les besoins des autres.

Les besoins sont complexes et différents pour chacun. Cependant, l'auteur et conférencier motivateur Tony Robbins a identifié six besoins fondamentaux que tout le monde partage :

La **certitude** concerne la cohérence, la stabilité, la sécurité, la sûreté et le contrôle. Vous avez besoin d'une structure dans votre vie pour avoir l'assurance que vous comprenez ce que l'avenir vous réserve.

La variété note que trop de certitude crée en fait de l'ennui. Ainsi, dans un contexte général de certitude, vous avez besoin de changement, de spontanéité et de différence.

L'**importance** est le besoin de se sentir respecté, valorisé, honoré et validé par d'autres personnes. Cela peut se produire tant dans notre vie personnelle que professionnelle.

La **connexion** est le besoin que nous avons tous de développer des relations impliquant intimité et amour.

La **croissance** est synonyme de changement positif, qu'il soit physique, émotionnel, intellectuel ou spirituel. Nous avons tous besoin de sentir que nous allons de l'avant, que nous nous améliorons.

La **contribution** est le besoin de faire le bien, d'aider les autres et de rendre le monde meilleur d'une manière ou d'une autre.

Prenez le temps d'examiner ces rubriques et de réfléchir à vos propres besoins. Y a-t-il des domaines dans lesquels vous ne vous sentez pas satisfait ?

L'affirmation de soi vous donnera les techniques pour vous aider à satisfaire vos besoins. Mais d'abord, vous devez comprendre clairement quels sont ces besoins.

L'importance de la communication assertive

La communication est au cœur de l'affirmation de soi. Après tout, vous ne pouvez pas attendre des gens qu'ils se comportent de manière à répondre à vos besoins si vous ne pouvez pas leur dire quels sont ces besoins. Les gens ne lisent pas dans les pensées. Si vous n'êtes pas heureux, la seule façon de changer cette situation est de dire aux gens ce qui cause votre mécontentement et ce que vous voulez qu'ils fassent pour changer cela.

La communication comportementale[10] est une construction psychologique qui examine la communication quotidienne des gens sous l'angle de différents types de comportement. Plus précisément, elle décrit la plupart des communications normales comme relevant de l'une des quatre rubriques suivantes :

> La **communication agressive** implique que l'agresseur cherche délibérément à blesser quelqu'un. Il peut s'agir d'un acte non planifié, d'intimidation ou de brimades. Les communicateurs agressifs manquent généralement d'empathie, voient la plupart des situations en termes de victoire ou de défaite, recherchent la confrontation et n'écoutent pas les autres.

> La **communication passive** consiste souvent à ne rien dire du tout, et surtout pas quelque chose

---

[10] Ivanov, M., & Werner, P. D. Behavioral *communication: Individual differences in communication style.* Personality and Individual Differences (2010).

que les autres pourraient trouver choquant ou difficile. Les communicateurs passifs disent rarement ce qu'ils pensent vraiment, et ils évitent généralement de prendre des décisions, de faire ou de dire quoi que ce soit qui pourrait entraîner un certain niveau de confrontation.

La **communication passive-agressive** semble passive en apparence, mais elle sert généralement à masquer l'hostilité et l'agressivité. Les personnes qui utilisent ce style de communication ont recours au sarcasme, à l'hyperbole et à la bouderie.

La **communication assertive** consiste à exprimer de manière appropriée vos besoins et vos sentiments tout en respectant les mêmes choses chez les autres. Le communicateur assertif est direct sans provoquer délibérément la confrontation.

Le point notable de ces quatre styles de communication est que seule la communication assertive est ouverte et honnête. Les communicateurs passifs et passifs-agressifs disent rarement ce qu'ils pensent vraiment, et les communicateurs agressifs ne sont pas intéressés par une communication authentique. Au contraire, ils considèrent la plupart des interactions humaines comme une occasion de gagner aux dépens des autres.

Demandez-vous avec lequel de ces styles de communication vous préférez avoir affaire. Il serait surprenant que votre réponse soit autre que celle du communicateur assertif. D'autres personnes penseront la même chose et, à mesure que vous vous affirmerez, vous deviendrez également un communicateur assertif. Vous deviendrez le genre de personne avec laquelle les autres veulent communiquer.

Chapitre 6 : Comment devenir plus sûr de soi

Les choses à faire et à ne pas faire pour s'affirmer

Devenir assertif va transformer votre vie. La capacité de dire ce que vous voulez et de faire valoir votre droit d'être heureux sont des changements énormes. Cependant, avant de parler de la manière de procéder à ces ajustements, voici quatre points dont vous devez vous souvenir lorsque vous commencerez à utiliser vos nouvelles capacités :

> **Choisissez vos mots avec soin.** Lorsque vous vous affirmez, vous vous présentez d'une manière différente, ce qui incite les gens à scruter ce que vous dites. Vous ne voulez pas paraître impoli ou agressif. Si vous avez une réunion ou une discussion à venir où vous avez l'intention de vous affirmer, réfléchissez bien à ce que vous allez dire. Vous pouvez même l'écrire afin de l'examiner attentivement. La forme des mots que vous choisissez est importante, et cela est particulièrement significatif lorsque vous commencez à vous entraîner à vous affirmer.

> **Écoutez.** S'affirmer est principalement une compétence de communication, mais n'oubliez pas que la communication a deux facettes : Parler

et écouter. Assurez-vous de vraiment écouter ce que les autres disent et de donner du poids à leurs opinions et sentiments. Cela ne signifie pas que vous devez vous aplatir, mais trouver un équilibre entre vos besoins et ceux des autres peut nécessiter un compromis.

Ne le prenez pas personnellement. Parfois, même si vous faites tout ce qu'il faut, tout le monde ne sera pas content. C'est compréhensible. Si vous êtes trop passif, jusqu'à présent, les autres ont pu vous traiter comme ils le souhaitaient. Soudain, vous allez pouvoir vous défendre et dire ce que vous ressentez et ce que vous voulez. Cela va être une surprise au début, et certaines personnes ne vont pas aimer ça. Elles peuvent réagir en se montrant sarcastiques, critiques ou même grossières. Apprenez à ignorer ce type de commentaire et passez à autre chose.

Ne devenez pas arrogant. Lorsque vous découvrez que vos nouvelles compétences en matière d'affirmation de soi fonctionnent vraiment, vous pouvez commencer à vous sentir supérieur. Cependant, veillez à continuer à traiter les autres avec respect et gentillesse et à rester humble. Peu importe ce que vous découvrez et développez, il y a toujours plus à apprendre.

Faire face aux croyances néfastes

Au chapitre 3, nous avons examiné les croyances nuisibles qui sapent l'image et l'estime de soi. La plupart d'entre nous sortent de l'enfance avec une ou plusieurs croyances qui nous freinent. Vous devriez être capable d'identifier les croyances nuisibles qui vous affectent. Il est maintenant temps d'y remédier.

L'une des méthodes les plus courantes et les plus efficaces pour faire face aux croyances néfastes consiste à utiliser les techniques de la thérapie cognitivo-comportementale (TCC). Les praticiens de la TCC enseignent que les pensées et les croyances inadaptées sont à l'origine des sentiments de tristesse et de dépression. Changer la façon dont vous pensez change la façon dont vous vous sentez. Si vous vous sentez plus positif, il est beaucoup plus facile d'être confiant et de s'affirmer.

Vous avez déjà identifié les croyances qui vous poussent à agir d'une manière qui ne vous convient pas. De nombreux praticiens de la TCC utilisent un acronyme simple pour décrire l'approche à adopter pour changer ces croyances : BLUE. Ce sigle signifie :

> **Blaming yourself (Se blâmer soi-même)**. Cette partie de la pensée inadaptée consiste à se sentir responsable de circonstances sur lesquelles vous n'avez aucun contrôle. Elle implique souvent de se sentir responsable du bonheur des autres. Accepter la responsabilité de ses propres actions est louable et mature. Se sentir coupable de situations dont vous n'êtes pas responsable vous

fait du tort et est totalement inefficace. Lorsque vous vous sentez coupable de quelque chose, vous devez apprendre à regarder objectivement ce qui vous fait vous sentir ainsi. Est-ce que quelque chose que vous avez fait, ou n'avez pas fait, est à l'origine de la situation ? Par exemple, un ami ou un partenaire est manifestement malheureux. À moins que vous ne soyez la cause directe de ce malheur, vous ne devez pas vous blâmer pour ce que l'autre personne ressent et vous ne devez pas vous sentir responsable de la distraire de son malheur. L'empathie et la compassion sont toujours de mise, et ces sentiments, associés à des compétences en matière d'affirmation de soi, vous permettront de soutenir et de guider une personne malheureuse. Se blâmer de manière inappropriée est contre-productif et vous devez apprendre à l'identifier et à le rejeter.

Looking for bad news (A la recherche de mauvaises nouvelles). Malheureusement, nous avons tous tendance à nous attarder indûment sur les informations négatives. Imaginez que vous ayez fait une présentation au travail sur un projet que vous dirigez. Sur les dix personnes présentes, neuf sont favorables à votre rapport. Une personne est légèrement critique et douteuse. Comment vous sentez-vous après la présentation ? Il y a de fortes chances que vous vous concentriez sur le commentaire négatif et que vous ignoriez complètement tous les commentaires positifs. Cette réaction est normale et naturelle, mais vous devez en être conscient et vous en prémunir. Essayez maintenant d'imaginer qu'une personne qui vous est chère a fait cette présentation. Elle a été bouleversée par le commentaire négatif. Que lui diriez-vous ? Bien sûr, vous lui feriez remarquer que la majorité des personnes présentes étaient positives et d'un grand soutien et que, dans l'ensemble, la présentation a été un succès. Vous devez apprendre à regarder vos propres expériences et réactions comme si elles s'appliquaient à quelqu'un d'autre. Cette approche permet d'être objectif. Vous devez également faire un effort conscient pour orienter votre pensée vers le positif. Dans pratiquement toutes les situations, il y a de bonnes nouvelles si vous les cherchez. Même un échec complet offre des occasions inestimables d'apprendre et d'éviter la même erreur à l'avenir.

Unhappy guessing (Des suppositions malheureuses). Nous passons tous beaucoup de temps à essayer de deviner ce qui va se passer dans le futur. Cependant, nous tombons parfois dans des schémas de pensée qui nous font nous attendre au pire. Imaginez que vous ayez organisé une sortie au restaurant pour un groupe d'amis. Que se passera-t-il si vous passez les jours précédents à penser : *"Je sais que ça va être un désastre !"*. Ce comportement est totalement improductif et signifie que lorsque vous arriverez enfin au repas, vous serez déjà négatif et pessimiste. Ce n'est pas un bon état d'esprit pour aborder la soirée. Maintenant, pensez à ce qui se passerait si vous passiez les jours précédents à penser : "*Ça va être le meilleur repas de tous les temps !* ". Non seulement vous éviterez plusieurs jours d'anxiété inutile et improductive, mais vous aborderez l'événement dans un état d'esprit positif. L'avenir sera toujours incertain. Faire tout ce que vous pouvez pour rendre l'avenir positif est judicieux et productif. Supposer que tout va mal tourner génère simplement de l'anxiété et ne change rien. Apprenez à changer ce que vous pouvez, mais pas à toujours supposer une issue négative.

Exaggeratedly negative (Excessivement négatif). "*Je déteste ma vie !* " est le genre de déclaration que nous associons aux adolescents malheureux, mais en réalité, nous commettons tous parfois l'erreur de voir les situations comme étant pires qu'elles ne le sont réellement. Ce type de pensée donne à tout un aspect négatif et fait disparaître l'espoir et l'optimisme. Si vous vous surprenez à avoir ce genre de pensée, imaginez votre réaction si quelqu'un d'autre faisait cette déclaration. Réfléchissez à la façon dont vous souligneriez les aspects positifs et relativiseriez les aspects négatifs.

Maintenant, revenons aux croyances nuisibles dont nous avons parlé au chapitre 3 et voyons comment nous pouvons transformer ces croyances "BLUE" en croyances vraies.

Le besoin de plaire

B - "C'est ma faute si mon partenaire/ami/collègue n'est pas heureux."

L - "Si je ne les rends pas heureux, ils ne m'aimeront pas."

U - "Ça doit être quelque chose que j'ai fait."

E - "Si je ne les rends pas heureux, ils ne voudront pas passer du temps avec moi."

Vraie croyance : L'empathie et la compassion, c'est bien, mais il faut aussi tenir compte de ses propres besoins et sentiments. Nous sommes tous responsables de notre propre bonheur, et il ne vous incombe pas de rendre les autres heureux.

Insécurité et doute de soi

B - "Je suis si stupide/gras/non attrayant !"

L - "Mes défauts signifient que personne ne m'aimera jamais."

U - "Je ne réussis jamais rien."

E - "Pourquoi quelqu'un voudrait-il passer du temps avec moi ?"

Une vraie croyance : Vous êtes digne d'amour et de respect, tel que vous êtes. Vous pouvez avoir des défauts. C'est le cas de tout le monde. Mais vous avez aussi des qualités qui vous rendent attrayant, intéressant et digne de respect.

Le besoin d'être bon

B - "Si je ne fais pas plaisir aux autres, personne ne m'aimera."

L - "Penser à mes propres besoins et sentiments est égoïste."

U - "Si je ne me comporte pas d'une certaine manière, je ne serai pas populaire."

E - "Si je suis égoïste, personne ne s'intéressera à moi."

Vraie croyance : Vous avez le droit d'être heureux. Vous n'avez pas la responsabilité de faire plaisir aux autres. Faire toujours ce que les autres veulent et attendent ne vous apportera ni respect ni amour.

Peur de la confrontation et de la soumission

B - "Si je dis ça, mon partenaire/ami/collègue sera malheureux."

L - "S'il y a une dispute, j'aurai l'air mauvais."

U - "Je ne devrais pas dire ça parce que ça peut rendre quelqu'un malheureux."

E - "Si je dis ce que je pense vraiment, les gens vont penser que je suis égoïste."

Vraie croyance : Vos objectifs de vie et vos buts ne seront jamais identiques à ceux d'une autre personne. Cela signifie qu'un certain niveau de confrontation est inévitable pour trouver des solutions qui profitent à tous. Éviter toute confrontation en se soumettant toujours aux besoins des autres n'apportera ni amour ni respect.

S'affirmer, c'est méchant !

B - "Si je dis ce que je ressens vraiment, personne ne m'aimera."

L - "C'est malpoli de dire aux autres ce que je ressens."

U - "Si je me tais, tout ira bien."

E - "Personne ne voudra m'écouter."

Vraie croyance : Vous avez le droit de dire ce que vous ressentez et de dire aux autres ce qu'ils peuvent faire pour changer cela. Bien sûr, vous ne devez pas piétiner les sentiments des autres et vous devez trouver des moyens d'exprimer ce que vous voulez qui ne soient pas offensants ou agressifs.

Ce n'est pas ma faute !

Cette dernière croyance néfaste est légèrement différente. Dans ce cas, le "B" de BLUE signifie "*Blâmer les autres*", mais l'approche reste valable.

B - "Si mon partenaire/ami/collègue agissait différemment, je serais heureux."

L - "Les autres personnes me rendent toujours malheureux."

U - "Je ne serai jamais heureux car tout le monde s'en fout."

E - "Personne ne veut me rendre heureux."

Vraie croyance : Vous êtes responsable de votre propre bonheur. Personne d'autre n'a la capacité de changer votre bonheur, ni n'en est responsable.

Passez en revue les croyances nuisibles que vous avez identifiées au chapitre 3. Appliquez-leur la technique BLUE et essayez d'arriver à une croyance vraie. Le simple fait d'examiner en détail vos propres croyances réduit leur effet sur votre pensée et vous aide à reconnaître les pensées négatives et nuisibles.

Les difficultés, les défis et les obstacles dans votre vie peuvent tous conduire à des pensées néfastes. Ces difficultés vous amèneront à douter de vous-même et il peut être difficile de changer d'avis et de vous affirmer si vous n'êtes pas résistant et résilient mentalement. Vous pouvez en apprendre davantage sur le développement de la résistance mentale à la fin de ce livre.

Faire face au chantage affectif

Les maîtres chanteurs affectifs utilisent les sentiments de peur, de culpabilité et d'obligation pour vous amener à faire ce qu'ils veulent. Cependant, leur manipulation signifie qu'ils n'utilisent pas de sentiments réels et justifiés. Au contraire, ils essaient de vous faire ressentir ces émotions alors qu'elles ne sont pas appropriées. La clé pour faire face à cette forme de manipulation est de vous poser une question simple sur ce qu'ils veulent que vous fassiez :

> *"Est-ce que j'affirme mon propre libre arbitre ou est-ce que j'agis parce que je ressens de la peur, de la culpabilité ou une obligation ?"*

Il n'est pas facile de répondre à cette question. Tout d'abord, il s'agit de réfléchir réellement à vos propres sentiments. Cela peut impliquer d'affronter le fait que vous ressentez de la peur ou de la culpabilité. Demandez-vous pourquoi vous vous sentez ainsi. Avez-vous fait quelque chose qui devrait vous faire ressentir de la peur ou de la culpabilité ? Avez-vous vraiment une obligation envers l'autre personne, peut-être en raison de l'aide qu'elle vous a apportée dans le passé ? Ou bien le manipulateur essaie-t-il d'évoquer ces sentiments alors qu'ils n'ont aucun fondement réel ?

Le point le plus important du chantage affectif est qu'il utilise les émotions pour vous amener à faire ce que le manipulateur veut. Il s'agit de sentiments évoqués uniquement par la manipulation. Si vous pouvez le reconnaître, son impact sur vous sera moindre. Bien entendu, vous devez toujours affronter le manipulateur.

C'est un sujet que nous aborderons dans un chapitre ultérieur, lorsque nous proposerons des stratégies pour dire "*non*".

Lorsque vous avez identifié une personne dans votre vie comme étant un preneur de toxiques, il existe deux techniques que vous pouvez utiliser pour y faire face efficacement.

Le preneur toxique vient toujours vous voir avec un problème, et il attend de vous que vous l'aidiez à le résoudre. La première méthode consiste à l'écouter vous parler de son problème et à lui témoigner de la sympathie. Rien d'autre. Pas de temps, de conseils, d'argent ou toute autre forme d'aide. Répondez simplement à leur récit du problème par quelque chose du genre "*Cela semble vraiment terrible. C'est terrible pour vous.*" Il est beaucoup plus difficile de répondre de cette façon qu'il n'y paraît. Vous êtes peut-être conditionné à proposer votre aide lorsque quelqu'un vous dit qu'il a un problème. Cependant, avec les preneurs toxiques, cela ne fera que les inciter à en demander toujours plus. Vous devez être résolu à n'offrir que de la sympathie.

Le preneur toxique sera surpris. Après tout, il s'est habitué à ce que vous lui fournissiez ce qu'il veut. Il essaiera donc probablement de recommencer. Restez fort. Répétez-lui ses sentiments pour lui montrer que vous l'avez écouté. Mais n'offrez pas votre aide. La personne pourrait alors passer à un appel direct à l'aide, peut-être accompagné d'un chantage affectif. Vous savez déjà comment faire face à cette situation et, plus tard, nous vous dirons comment dire spécifiquement "*non*" en toutes circonstances. Face à un refus de coopérer, le preneur toxique passera rapidement à une autre personne plus facile à manipuler.

Une autre stratégie à utiliser avec les preneurs toxiques est d'écouter leur récit de malheur, puis de répondre en racontant les difficultés que vous rencontrez. Aucun preneur toxique ne veut de concurrence, et vous remarquerez qu'il a du mal à écouter votre histoire et qu'il ne vous offrira aucun type d'aide. Face à ce genre de réponse, la plupart des preneurs toxiques chercheront simplement une victime ailleurs.

Les véritables preneurs toxiques disparaîtront rapidement de votre vie si vous utilisez ces techniques. Ce ne sera pas le cas des personnes qui sont des amis, mais qui ont peut-être pris l'habitude de profiter de vous. Mais ils se réadapteront à la nouvelle forme de la relation.

Dire *"non"* est une chose que beaucoup d'entre nous trouvent difficile. Que cette hésitation soit en réponse à une demande d'aide ou à une invitation à un événement auquel nous ne voulons vraiment pas assister, nous avons peur qu'un refus offense la personne qui le demande. Pourtant, apprendre à dire *"non"* est l'une des compétences de base pour s'affirmer. Dans la troisième partie, nous vous proposerons des stratégies détaillées pour dire *"non"* avec grâce et respect. Tout d'abord, expliquons pourquoi dire *"non"* est si difficile et pourtant si important.

Pourquoi avons-nous peur de dire *"non"* ?

L'un des mots les plus difficiles à dire est "*Non*". Même lorsque nous reconnaissons que c'est peut-être la meilleure chose à dire, nous nous retrouvons dans des situations où nous disons "*oui*" à la place. Mais pourquoi est-ce si difficile à dire ? Il existe un certain nombre de raisons, que nous allons examiner en détail.

Dire "*oui*" renforce notre estime de soi. Nous pouvons ainsi nous sentir utiles, nécessaires et appréciés. À l'inverse, nous craignons que dire *"non"* ait l'effet inverse. Nous aimons tous nous sentir appréciés et utiles. Cependant, nous pouvons tellement adopter des comportements destinés à susciter ces sentiments chez les autres que nous finissons par négliger nos propres sentiments et besoins. Dire *"non"* à une demande d'aide, par exemple, peut dans un premier temps entamer notre estime de soi. Mais, si nous agissons ainsi pour récupérer du temps, de l'énergie ou d'autres ressources pour nous-mêmes, ce sentiment disparaîtra rapidement. Aider les autres est une bonne chose. Mais devenir dépendant de cette activité au point d'être incapable de dire *"non"* ne l'est pas.

Nous voulons que les gens nous apprécient et le fait de les décevoir en leur disant *"non"* a un effet sur ce qu'ils pensent de nous. Il n'y a aucun moyen de contourner ce problème. Si vous dites constamment *"oui"* à tout, les gens commenceront bientôt à considérer cela comme acquis et cela ne les amènera pas à vous apprécier ou à vous respecter. Si vous pouvez vous conditionner à considérer objectivement chaque demande d'aide et à ne dire *"oui"* que lorsque c'est vraiment approprié, vous verrez que les gens l'apprécieront beaucoup plus que le *"oui"* permanent qu'ils obtiennent d'un"people-pleaser".

La raison la plus courante pour ne pas dire *"non"* est probablement la peur de la confrontation. Si vous dites *"Non", les* gens risquent de s'émouvoir. Ils peuvent même se mettre en colère ou essayer de vous intimider, surtout s'ils ont l'habitude que vous disiez toujours *"Oui"*. Encore une fois, il n'y a aucun moyen d'éviter un certain niveau de confrontation si vous apprenez à vous affirmer en disant *"Non"*.

Enfin, nous pouvons craindre de rater des occasions lorsque nous disons *"non"*. Par exemple, si on vous propose de prendre en charge un nouveau projet au travail, vous pouvez craindre de manquer une promotion si vous refusez. Cependant, le temps et l'énergie dont vous disposez sont limités. Chaque fois que vous dites *"oui"* à quelque chose, vous utilisez une plus grande partie de vos ressources. Et cela vous rendra moins apte à saisir de nouvelles opportunités plus bénéfiques. Il est important que vous évaluiez les nouvelles opportunités et que vous regardiez ce qu'elles offrent. N'acceptez pas tout ce qui se présente parce que vous avez peur de manquer quelque chose.

Dire *"Oui"* quand on veut vraiment dire *"Non"* est quelque chose que la plupart d'entre nous ont fait, mais ce n'est pas bon pour nous ou pour les autres personnes avec qui nous sommes impliqués. Lorsque quelqu'un nous demande une faveur ou nous invite à un événement, lorsque nous disons *"Oui"* sans vraiment le penser, nous mentons essentiellement. C'est mauvais pour l'estime de soi, cela crée du ressentiment, et cela peut même vous inciter à agir de manière passive-agressive en faisant semblant d'oublier ce que vous avez promis de faire.

Dans les relations, l'honnêteté et le respect sont fondamentaux. Si vous mentez, vous compromettez la relation et montrez un manque de respect pour l'autre personne. À l'inverse, si vous apprenez à dire *"non"* quand c'est ce que vous voulez dire, vous montrez du respect pour l'autre personne et de l'honnêteté dans la relation.

Apprendre à dire *"non"* permet également de fixer des limites personnelles, c'est-à-dire des limites qui définissent clairement ce que vous allez faire et ne pas faire. Ces limites aident les autres à comprendre ce que vous voulez et augmentent le respect mutuel dans toute relation. En disant *"non"* à une action que vous ne voulez pas faire, vous libérez du temps et de l'énergie pour dire *"oui"* aux actions que vous voulez faire.

Enfin, dire *"non"*, c'est prendre soin de soi. C'est un élément fondamental pour accepter et faire comprendre aux autres que vous avez des sentiments et des besoins et que ceux-ci sont importants pour vous. Nous avons vu précédemment que prendre soin de soi est un élément essentiel pour devenir une personne équilibrée et confiante. Apprendre à exprimer ce que l'on ressent est un élément central de ce développement personnel et dire *"non"* quand c'est ce que l'on veut dire est une compétence essentielle.

"Je ne peux pas" contre "Je ne veux pas".

Lorsque vous êtes confronté à une situation où l'on vous demande de faire quelque chose et que vous ne voulez pas le faire, mais que vous êtes nerveux à l'idée de dire *"Non"*, il peut être tentant d'utiliser des excuses pour justifier votre refus. En d'autres termes, de répondre à cette demande en disant *"Je ne peux pas"* plutôt que *"Je ne veux pas"*. Par exemple, un ami vous demande de l'aider à déménager dans un nouvel appartement. Vous n'avez tout simplement pas l'énergie de porter des cartons dans les escaliers et vous avez déjà prévu de passer du temps avec *lui le* week-end. Cependant, au lieu de le dire à votre ami, vous inventez une excuse telle que *"je dois emmener ma sœur à l'hôpital"*.

Vous pensez que cela semble plus significatif et acceptable que de simplement expliquer que vous êtes fatigué et que vous avez besoin d'un peu de repos. Mais c'est toujours un mensonge. Vous ne considérez pas la relation comme suffisamment importante pour justifier l'honnêteté, et vous sapez votre propre estime de soi en vous sentant poussé à mentir. Pire encore, si l'ami croit votre excuse, il peut vous proposer de le faire le week-end suivant ou lors d'une soirée. Que faites-vous alors ? Vous créez une autre excuse fictive ou vous vous retrouvez obligé de faire quelque chose que vous ne voulez pas faire ?

Dire *"non"* en expliquant honnêtement pourquoi vous ne ferez pas quelque chose est difficile. Mais c'est toujours mieux pour vous et votre relation que de dire *"Je ne peux pas"* et d'inventer une excuse.

Chapitre 8 : Fixer des limites

Pourquoi les limites personnelles sont importantes

Les frontières personnelles sont les limites que vous fixez à ce que vous ferez et ne ferez pas et au comportement que vous trouvez acceptable chez les autres. Fixer ces limites est une partie importante de l'affirmation de soi, mais comme les autres éléments de cette compétence, cela peut sembler difficile. Nous voulons tous paraître *"agréables"*, prêts à faire ce que les autres veulent parce que nous pensons que cela nous rendra sympathiques et socialement acceptés. Étonnamment, un certain nombre d'études semblent montrer que ce n'est pas le cas.

Un rapport sur une étude de 2015 publiée dans la *Personality and Social Psychology Review* [11] a analysé les réactions des participants dans des jeux mettant en scène des dilemmes sociaux et la nécessité de négocier. Les participants n'aimaient pas les joueurs égoïstes, ce qui n'était pas surprenant. Cependant, le rapport a révélé que les joueurs agréables, ceux qui ne se souciaient pas de gagner ou de perdre, étaient tout aussi détestés. La discussion a semblé montrer que ces joueurs donnaient aux autres une mauvaise image d'eux-mêmes, mais qu'ils étaient également considérés comme des transgresseurs de règles, même si les règles qu'ils transgressaient étaient

---

[11] Kun Zhao, Luke D Smillie, The Role of Interpersonal Traits in Social Decision Making: Exploring Sources of Behavioral Heterogeneity in Economic Games, August 2015, Personality and Social Psychology Review

celles qui encourageaient la compétition et la confrontation.

Une étude menée en 2011 par l'Université de Notre Dame, l'Université Cornell et l'Université de Western Ontario[12] a montré de manière encore plus évidente qu'être agréable n'est pas une évolution de carrière positive. L'étude a révélé que les hommes classés comme *"désagréables"* gagnaient, en moyenne, 18 % de plus que ceux qui étaient classés comme *"agréables"*. "Les hommes décrits comme désagréables étaient aussi souvent décrits comme de bons négociateurs et de meilleurs managers. Même chez les femmes, où être considéré comme *"agréable"* est une norme sociale plus reconnue, les femmes désagréables gagnent 5% de plus que leurs homologues agréables.

---

[12] Timothy A Judge, Beth A. Livingston, Charlice Hurst, Do Nice Guys-and Gals-Really Finish Last? The Joint Effects of Sex and Agreeableness on Income, Journal of Personality and Social Psychology, November 2011.

Choisir ses limites

Les limites que vous établissez englobent à la fois votre espace physique et votre espace émotionnel. Toutefois, nous ne nous intéresserons ici qu'aux frontières émotionnelles. Elles représentent les limites dans lesquelles vous autorisez les autres à pénétrer dans votre espace émotionnel. Comment pouvez-vous identifier vos limites ? C'est vraiment très simple : Si vous êtes avec une personne qui vous met mal à l'aise, elle enfreint probablement vos limites émotionnelles confortables.

Pour comprendre où se situent ces limites personnelles, prenez le temps de réfléchir à vos valeurs fondamentales, aux idéaux et aux actions qui comptent pour vous. Il ne s'agit pas des actions que vous entreprenez pour faire plaisir aux autres ou parce que vous avez l'impression qu'on attend de vous que vous les fassiez. Nous avons tellement l'habitude de faire nôtres les besoins et les sentiments des autres qu'il peut être difficile de se rappeler ce qui compte pour nous. Par exemple, il se peut que les amitiés soient très importantes pour vous, mais que vous ayez un ami qui se livre régulièrement à des commérages malveillants sur d'autres amis. Son comportement vous met mal à l'aise, mais vous ne voulez pas le contrarier en lui disant ce que vous ressentez.

Les limites sont personnelles, et elles seront différentes pour chacun. Réfléchissez-y et vous trouverez presque certainement un décalage entre ce qui se passe et vos valeurs fondamentales. C'est à ce moment-là que vous devez fixer une limite claire.

Une fois que vous aurez compris quelles sont vos limites, vous pourrez commencer à les faire respecter. Vous avez le droit de défendre votre espace personnel émotionnel. Cependant, n'oubliez pas que vous ne pouvez changer que ce que vous faites, pas ce que les autres font. Si nous revenons à l'exemple de l'ami qui fait des commérages, vous n'avez pas vraiment le droit ou la responsabilité de dire à cet ami d'abandonner les commérages malveillants. Ce n'est pas à vous de le faire. Au lieu de cela, vous pouvez dire fermement à cet ami que vous ne voulez pas entendre ce langage et lui demander de cesser.

Vous pouvez être nerveux quant à la réaction que vous obtiendrez en fixant de telles limites. Certaines personnes réagiront par la colère. Elles peuvent prétendre que vous portez un jugement ou que vous êtes injuste. Vous n'êtes pas en train de les critiquer ou de leur dire de changer leur comportement en général. Vous leur dites que ce qu'ils font vous met mal à l'aise, et vous leur demandez seulement d'arrêter de le faire en votre présence. N'oubliez pas que le fait d'être considéré comme désagréable ne signifie pas que les gens ne vous aimeront pas ou ne vous respecteront pas. Si la réaction à court terme à votre mise en application des limites peut être négative, à long terme, cela rendra généralement la relation plus forte, car elle sera plus authentique et basée sur l'honnêteté.

Fixer des limites est un acte d'affirmation de soi. Cela peut sembler effrayant. Mais il n'y a pas d'alternative. Vous devez dire aux gens quand ils vous mettent mal à l'aise et pourquoi : Vous ne pouvez pas attendre d'eux qu'ils devinent. Cette démarche peut s'avérer incroyablement libératrice et responsabilisante.

Partie 3 : Plan d'action pour l'affirmation de soi

Chapitre 9 : Voulez-vous être plus sûr de vous ?

Faire le choix de s'affirmer davantage

Vous comprenez maintenant que le manque d'assurance est un problème. Dans votre vie personnelle et professionnelle, cela peut vous rendre inefficace, mais aussi vous rendre anxieux, stressé et peu confiant. Cependant, être passif n'est pas quelque chose d'inné que vous devez supporter. Vous pouvez choisir de vous affirmer. Vous êtes le seul à pouvoir faire ce choix et vous êtes le seul à pouvoir y parvenir. Avant d'aller plus loin, vous devez vous poser deux questions importantes :

- Voulez-vous devenir plus sûr de vous ?
- Êtes-vous prêt à consacrer du temps et des efforts pour vous affirmer davantage ?

Ce sont des questions fondamentales. Si vous ne pouvez pas répondre "*oui*" aux deux sans réserve, vous perdez probablement votre temps. Peut-être avez-vous besoin de relire ce livre pour comprendre pourquoi le fait de ne pas s'affirmer vous nuit à vous, aux autres et à vos relations avec eux ? Ou peut-être devez-vous simplement accepter que vous serez toujours passif, que l'on vous piétine et que vous n'aurez jamais l'espace ou l'opportunité de vous occuper de vos propres besoins et sentiments ?

Que choisissez-vous ?

L'affirmation de soi n'est pas un tout ou rien

Ce livre permet de comprendre ce que signifie un manque d'affirmation de soi et comment y remédier. Il fournit des stratégies pratiques pour devenir plus assertif. Mais vous n'allez pas poser ce livre, prendre une profonde respiration et devenir soudainement assertif dans tout ce que vous faites. Malheureusement, la vie n'est pas aussi simple.

Commencez par réfléchir à l'endroit où votre manque d'assertivité vous fait le plus souffrir.

Réfléchissez aux domaines dans lesquels l'affirmation de soi vous apportera le plus de bénéfices.

Ce sont des objectifs importants à connaître, mais ne vous précipitez pas pour commencer à vous attaquer aux situations les plus difficiles et les plus stressantes. Même si vous croyez en votre droit d'affirmer vos propres sentiments et besoins, vous devrez progressivement développer vos compétences et votre confiance. Vous répéterez ce que vous allez faire et dire avant d'appliquer ces techniques dans le monde réel.

Cela va prendre du temps. Vous ne pouvez pas vous affirmer du jour au lendemain. Vous allez y aller pas à pas et renforcer votre confiance et vos compétences progressivement. Cependant, chaque petit pas apporte des avantages. Apprendre à s'affirmer, même de façon modeste, est libérateur et responsabilisant. Au fur et à mesure que vous prenez confiance dans les premiers pas, vous pouvez étendre l'utilisation des techniques d'affirmation de soi à d'autres domaines de votre vie.

L'affirmation de soi ne s'acquiert pas en une seule séance. C'est un voyage de transformation. Et chaque voyage commence par un seul pas.

Combien de temps cela va-t-il prendre ?

Votre passivité actuelle est quelque chose que vous avez appris. C'est un ensemble de comportements que vous utilisez depuis si longtemps qu'ils sont devenus habituels et largement instinctifs. Vous réagissez à une confrontation potentielle en faisant tout ce qui est nécessaire pour l'éviter, même si vous n'êtes pas conscient de cette habitude.

Ce comportement va changer. Vous allez construire un nouvel ensemble de comportements qui deviendront des réponses habituelles. Ces changements prendront du temps, mais peut-être pas aussi longtemps que vous le pensez. De nombreuses études ont été menées pour déterminer le temps nécessaire pour que de nouveaux comportements deviennent des habitudes, et il n'y a toujours pas de période universellement reconnue. Le délai dépend de vous et de votre situation. Toutefois, la plupart des estimations suggèrent que si vous adoptez un nouveau comportement et le maintenez pendant 30 à 90 jours, il deviendra une habitude.

Réfléchissez-y un instant. Si vous pouvez faire un effort conscient pour adopter de nouveaux comportements d'affirmation de soi pendant au moins 90 jours, ils deviendront des habitudes. Vous n'aurez plus besoin d'y penser. Ils deviendront des réponses automatiques et positives. Concentrez-vous sur cette pensée lorsque vous vous apprêtez à mettre en œuvre ces nouveaux comportements.

Écouter votre sage défenseur

Dans leur ouvrage de référence sur le développement personnel, *You Are Not Your Brain*[13] *(Vous n'êtes pas votre cerveau)*, les psychiatres Jeffrey Schwartz et Rebecca Gladding décrivent une stratégie utile pour faire face à une estime de soi négative et à un manque de confiance en soi. Ils l'appellent "le sage défenseur". Cette approche consiste à visualiser une personne que vous respectez. Il peut s'agir d'une personne réelle, d'un membre de votre famille, d'un ami, de quelqu'un que vous connaissez (ou avez connu), ou même d'un personnage historique dont vous admirez les réalisations. Il peut même s'agir d'un personnage fictif. L'identité de cette personne n'a pas d'importance, du moment que :

- Vous pouvez les visualiser clairement au point d'imaginer des conversations avec cette personne,
- Vous devez être capable de les visualiser comme étant sages, compatissants, gentils, d'un grand soutien, et ils doivent sincèrement se soucier de vous et vouloir le meilleur pour vous.

En d'autres termes, le sage défenseur doit être une personne dont les conseils sont appréciés et auxquels vous faites confiance. Si vous vous trouvez dans une situation où vous ne savez pas quoi faire, ou si vous avez du mal à trouver la confiance nécessaire pour faire

---

13 Schwartz, Jeffrey M, and Gladding, Rebecca. You Are Not Your Brain: The 4-Step Solution for Changing Bad Habits, Ending Unhealthy Thinking, and Taking Control of Your Life. Avery, 2011.

quelque chose, imaginez que vous décrivez cette situation à votre sage défenseur.

Cette méthode peut sembler excessivement simplifiée, mais elle repose en fait sur des principes psychologiques solides. Imaginer que vous parlez à votre sage défenseur vous aide à avoir une vision plus large de toute situation et à dépasser les émotions immédiates qui peuvent vous troubler. Mieux encore, les conseils de ce sage défenseur seront toujours positifs et dans votre intérêt.

Imaginez votre propre sage défenseur. Prenez le temps de le visualiser intensément et en détail. Lorsque vous vous trouvez aux prises avec des problèmes de confiance en vous ou que vous n'êtes pas sûr de ce que vous devez faire, demandez conseil à votre sage défenseur. Souvent, cette stratégie vous aidera à déterminer ce qu'il faut faire et à trouver l'assurance nécessaire pour le faire.

Pensée positive

La pensée positive est une attitude qui se concentre sur les bons résultats. Il s'agit d'agir parce que vous anticipez le bonheur et le succès, et non parce que vous craignez l'échec. De nombreuses approches de motivation et de développement personnel soulignent l'importance de la pensée positive. Vos pensées dictent vos actions. Si vos pensées sont positives, vos actions le seront aussi. Ce comportement a beaucoup plus de chances de mener au succès.

La pensée positive est particulièrement importante pour créer des objectifs. Pourquoi voulez-vous devenir plus assertif ? Quels sont vos objectifs en matière d'affirmation de soi ? Pour être plus efficaces, ceux-ci doivent être positifs.

Par exemple, si votre objectif est de vous affirmer davantage au travail, des objectifs tels que "*Je veux devenir plus efficace dans mon travail*" ou "*Je veux cette promotion pour pouvoir mieux utiliser mes compétences*" sont positifs. "*Je veux faire moins d'erreurs au travail*" ou "*Je ne veux pas perdre mon emploi*" ne le sont pas. "*Je veux améliorer mes compétences en matière de négociation*" est un objectif positif. "*Je veux être meilleur que X.*" n'en est pas un. Les objectifs positifs vous concernent. Vous avez la capacité et la responsabilité de vous changer. Le fait de vous comparer aux autres ou de chercher à battre quelqu'un d'autre nuit à cet objectif.

La pensée positive consiste également à célébrer les progrès. Au début, vous vous affirmerez probablement de manière relativement modeste. Ces étapes ne sont pas anodines. Reconnaissez-les et donnez-vous une tape dans le dos pour chaque succès. Faites-vous plaisir lorsque vous atteignez un objectif. Reconnaître quand vous réussissez est aussi important, voire plus important, que d'accepter quand vous échouez. Nous avons tous tendance à nous fustiger pour nos échecs tout en négligeant nos succès. Chaque succès est un pas sur la voie d'une vie meilleure.

Comme toute autre compétence, la pensée positive s'apprend. Prenez le temps de regarder ce que vous avez accompli. Apprenez à rechercher le positif dans chaque situation, et non à ruminer les échecs. Reconnaissez les succès et renforcez la confiance qui en découle.

Et pour rester sur la bonne voie en apprenant à penser positivement, à changer d'état d'esprit et à atteindre les objectifs que vous vous êtes fixés, vous devrez faire preuve de résilience et d'une force mentale suffisante pour ne pas être gêné par les difficultés que vous pourriez rencontrer. Vous trouverez plus d'informations sur le développement de la résistance mentale à la fin de ce livre.

Empathie et sympathie

L'empathie est un élément important d'une bonne communication. Cependant, il existe une certaine confusion quant à la signification exacte de ce mot et à sa différence avec, par exemple, la sympathie.

Le mot "*empathie*" a été utilisé pour la première fois au début du XXe siècle. Il s'agit de la traduction d'un terme allemand "*Einfhlung*" (sentir avec), et il a été introduit par le psychologue britannique Edward Titchener. La plupart des psychologues utilisent le terme "empathie" pour désigner la capacité de s'imaginer dans la situation d'une autre personne afin de comprendre ses émotions. À la fin des années 1950, le psychologue Carl Rogers a été le premier à suggérer que l'empathie était un élément essentiel d'une communication efficace. Depuis lors, de nombreuses études ont confirmé cette théorie.

Une personne empathique est capable de voir les situations du point de vue d'une autre personne. Bien que les deux mots soient souvent utilisés comme synonymes, l'empathie est différente de la sympathie. La sympathie consiste à se sentir *pour une* autre personne, par opposition à l'empathie, qui consiste à se sentir *avec une* autre personne. En d'autres termes, la sympathie revient à s'apitoyer sur le sort d'une autre personne, tandis que l'empathie consiste à comprendre pourquoi elle éprouve certains sentiments.

L'empathie comporte trois éléments :

- Vous devez avoir une compréhension profonde des sentiments de l'autre personne.
- Vous devez être capable de comprendre quels comportements ou quelles situations ont provoqué les sentiments de l'autre personne.
- Vous devez être capable de faire savoir à l'autre personne que vous comprenez ses sentiments et ce qui les a provoqués.

L'empathie est essentielle à une communication efficace, et la communication est essentielle à l'affirmation de soi. Travaillez à développer votre empathie. Essayer de comprendre pourquoi les autres se sentent comme ils le font peut vous aider à mieux comprendre d'où viennent vos propres sentiments. Certains psychologues considèrent l'empathie comme l'un des éléments de la véritable maturité psychologique.

Apprendre à écouter

Il existe une différence fondamentale entre écouter et entendre. Certaines études suggèrent que 75% de ce que nous entendons est presque immédiatement oublié, ignoré ou mal compris. Une partie de l'apprentissage de l'affirmation de soi consiste à comprendre ce que les autres veulent. Ce processus implique de les *écouter*. Il ne s'agit pas seulement d'entendre ce qu'ils disent, mais de comprendre réellement et de faire savoir à l'interlocuteur que vous le faites.

L'écoute implique trois compétences essentielles. Ce sont :

L'attention. Il s'agit de la communication non verbale que vous fournissez à votre interlocuteur pour confirmer que vous l'écoutez. Elle implique une posture corporelle, un contact visuel et une attention totale à ce qu'il dit. Rien ne montre plus clairement que vous n'écoutez pas que de laisser votre regard errer pendant que votre interlocuteur parle ou, pire encore, de consulter votre téléphone ou vos e-mails. Si vous voulez montrer à quelqu'un que vous l'écoutez vraiment, faites-lui face, maintenez un contact visuel et ne laissez pas votre attention vagabonder.

Suivre. Faire preuve de cette compétence signifie ne pas détourner la conversation pour l'adapter à votre propre programme. Au lieu de l'interrompre avec votre propre histoire, encouragez votre interlocuteur à poursuivre avec des indices tels que *"C'est intéressant, dites-m'en plus..."* ou "*Je* *ne le savais pas !"*. Posez des questions ouvertes pour encourager votre interlocuteur à vous en dire plus.

Réflexion. Les personnes qui utilisent la capacité de réflexion font des commentaires qui réaffirment les sentiments ou le contenu de ce que dit l'orateur. L'utilisation de cette compétence montre que vous comprenez et donne à l'interlocuteur la possibilité de clarifier et de développer son propos. Cela peut prendre la forme de *"Donc, ce que vous dites est..."* ou *"Très bien, donc, ce que je comprends de ce que vous dites est..."*.

Vous serez étonné de voir à quel point ces compétences simples sont efficaces pour amener les gens à parler de leurs besoins et de leurs sentiments. Vous serez également surpris de voir combien peu de personnes utilisent efficacement ces compétences.

S'affirmer signifie être capable d'affirmer ses propres sentiments et besoins, mais aussi comprendre les sentiments et les besoins des autres. Vous pouvez choisir un mode d'action qui profite à tout le monde. Apprendre à écouter est une compétence essentielle pour découvrir ce que les autres veulent vraiment.

Lorsque vous vous affirmez, vous envoyez le message que vous voulez qu'une autre personne respecte vos limites émotionnelles et/ou physiques. Les messages d'affirmation de soi les plus efficaces se composent de trois parties distinctes :

Une description du problème. Cette description ne doit pas porter de jugement et doit éviter toute suggestion de blâme. Elle doit être suffisamment détaillée et précise pour que l'autre personne comprenne clairement le problème. Par exemple, "*Tu es un paresseux*" ne suscitera pas de réponse positive. "*Je finis toujours par être pressé le matin parce que je dois faire la vaisselle et ranger l'appartement tout seul*" est préférable car il explique précisément ce qui vous préoccupe.

Une description de ce que vous ressentez. Décrivez les émotions négatives que le comportement problématique suscite en vous. S'il vous rend anxieux, stressé, effrayé ou en colère, dites-le. Ne vous retenez pas. Si un comportement vous met tellement en colère que vous risquez de perdre votre sang-froid, ne soyez pas tenté d'adoucir cette déclaration en disant plutôt qu'il vous irrite. L'affirmation de soi est une question d'honnêteté, surtout en ce qui concerne vos sentiments.

Une clarification de la manière dont le comportement de l'autre personne vous affecte. Une description de ce que l'autre personne fait (ou ne fait pas) pour provoquer ces émotions. Cette explication doit être aussi précise que possible afin de faciliter une solution.

Cette description peut sembler compliquée, mais l'objectif est de produire un message aussi concis que possible. Dans la plupart des cas, ces trois éléments peuvent être combinés en une seule phrase sous la forme : " *Lorsque vous* (une description du comportement qui vous met mal à l'aise), *je ressens* (une description des émotions que ce comportement vous fait ressentir) *parce que* (une description de la manière dont ce comportement vous affecte directement) ". Par exemple, un message d'affirmation de soi efficace en trois parties pourrait être le suivant :

> *"Quand on ne se lève pas avant huit heures, je me sens stressée et anxieuse parce que je dois faire tout le ménage avant de partir au travail."*

Vous noterez que ce message en trois parties n'impose ni ne suggère aucune solution. C'est important car, pour être efficace, la solution doit tenir compte des sentiments et des besoins de toutes les personnes concernées. Une telle solution sera d'autant plus efficace qu'elle sera élaborée conjointement, et non simplement imposée par une partie. Idéalement, lorsqu'on lui présente le message d'affirmation en trois parties, votre interlocuteur comprendra le problème et proposera ou contribuera à une solution.

Lorsque vous répétez l'affirmation de soi, utilisez ce message en trois parties. Mettez par écrit le message que vous voulez faire passer avant de parler à la personne concernée. En étant préparé et en ayant réfléchi précisément à ce que vous voulez dire, il vous sera beaucoup plus facile de vous affirmer.

La meilleure façon, et la plus efficace, de dire *"non"* est de le faire. Restez simple. Dites *"non"* et arrêtez-vous là. C'est beaucoup plus difficile que vous ne le pensez. Le moment immédiatement après avoir dit "Non", surtout si vous n'avez pas l'habitude de refuser, sera difficile pour vous. Dire *"non"* créera une tension, et vous voudrez continuer à parler pour désamorcer la situation. Vous serez peut-être tenté d'offrir une autre forme d'aide ou d'assistance pour que l'autre personne se sente mieux. C'est aussi le moment où vous serez le plus tenté de revenir sur votre décision. Soyez prêt et résistez à cette tentation. Rappelez-vous que vous n'avez pas à vous excuser de dire non et qu'il ne vous incombe pas de rendre l'autre personne heureuse. Chaque fois que vous direz *"non"* et que vous vous y tiendrez, cela deviendra plus facile.

Un *"non"* simple et direct est toujours la meilleure solution pour refuser quelque chose. Toutefois, si vous avez du mal à le faire, il existe des stratégies qui peuvent vous faciliter la tâche.

> **Expliquez.** Dire *"non"* est un message d'affirmation de soi. Vous n'avez pas à l'expliquer ou à le justifier. Cependant, vous pouvez utiliser un message d'affirmation en trois parties pour faire comprendre clairement pourquoi vous dites "non".

> **Reportez la décision.** Plutôt que de simplement dire non, vous pouvez reporter la décision finale. Par exemple, quelqu'un vous demande une

faveur. Au lieu de dire "*Non*", vous pouvez dire "*Je ne vais pas le faire maintenant, mais revenez me voir plus tard*".

Proposez une alternative. Supposons que quelqu'un vous demande de l'aide pour déménager de son appartement. Plutôt que de dire "*Non*", vous pourriez dire : "*Je ne peux pas être là pour toute la journée, mais je peux consacrer deux heures*". Imaginez que quelqu'un vous invite à une réunion sociale à laquelle vous ne voulez pas assister. Vous pourriez dire "*Je ne peux pas faire ça ce mois-ci, mais j'aurai du temps libre le mois prochain*". En fait, vous offrez un prix de consolation, quelque chose qui utilise moins de votre temps et de votre énergie ou qui s'adapte mieux à votre emploi du temps. Cette approche peut vous être bénéfique, et elle n'est peut-être pas aussi difficile pour vous qu'un simple "*Non*".

Reconnaissez vos sentiments tout en refusant. Parfois, l'effet d'un "*non*" peut être atténué en reconnaissant les sentiments de l'autre personne. Par exemple, un ami vous demande de l'accompagner à une réunion sociale. Au lieu d'un simple "*Non*", vous pourriez dire "*Je sais que tu es nerveux à l'idée d'y aller seul, mais je n'ai vraiment pas envie de le faire.*"

Proposez une personne plus qualifiée. Par exemple, si l'on vous demande de déposer quelqu'un, vous pouvez répondre : "*Je ne suis* *vraiment pas sûr de pouvoir conduire la nuit dans des rues que je ne connais pas. Mais je sais que la personne X est d'accord avec cela. "*

Remettez-le à plus tard. Cette stratégie est la plus facile, mais aussi la moins honnête des façons de dire *"Non"*. N'utilisez cette stratégie que si vous ne pouvez vraiment pas faire face à quelque chose de plus direct. Elle implique une réponse du type *"Laissez-moi voir comment les choses se passent et je vous recontacterai"*. Elle ne comporte pas de délai et, en réalité, vous n'avez pas l'intention de revenir vers l'autre personne. Cette stratégie peut également s'avérer utile si quelqu'un n'accepte pas votre *"non"* et vous harcèle pour que vous changiez d'avis.

Quelle que soit la forme de *"Non" que* vous choisissez d'utiliser, ne soyez pas tenté de tempérer votre *"Non"* par des excuses. La plupart d'entre nous trouvent *"Désolé, mais non"* beaucoup plus facile à dire que *"Non"*. En fait, beaucoup d'entre nous ont l'habitude de dire constamment qu'ils sont désolés. Les excuses sont appropriées si vous avez fait quelque chose de mal ou quelque chose qui a blessé ou bouleversé une autre personne et dont vous pouvez avoir honte. Dire *"Non"* est votre droit et ce n'est pas quelque chose de honteux. Ne vous excusez pas lorsque vous dites *"non"*.

Tout comme les autres aspects de l'affirmation de soi, dire *"non"* est une compétence qui s'apprend. Si vous êtes actuellement très passif, c'est probablement une compétence que vous ne pratiquez jamais. Lorsque vous commencerez à l'utiliser, les personnes qui ont l'habitude de considérer votre affirmation comme acquise seront surprises. Ils ne seront probablement pas heureux non plus. Préparez-vous à cela. Chaque fois que vous dites *"non"* et que vous vous y tenez, cela devient plus facile pour vous et les autres s'y habituent.

Faire face à l'opposition

Lorsque vous donnez des messages d'affirmation dans la vie réelle (y compris en disant *"Non"*), il arrive souvent que l'histoire ne s'arrête pas là. Les gens réagiront presque toujours de manière défensive et tenteront de s'opposer à votre affirmation. C'est pourquoi la diffusion de votre message d'affirmation n'est qu'une partie d'un processus en six étapes. Le processus global ressemble à ceci :

1. **Préparez-vous.** Pensez à ce que vous allez dire et composez votre message d'affirmation en trois parties. Répétez votre message et pensez au comportement ou à la situation que vous voulez changer. S'agit-il de quelque chose que l'on peut changer ? Ce changement endommagera-t-il irrémédiablement une relation ? Êtes-vous prêt à prendre ce risque pour obtenir ce que vous voulez ?
2. **Délivrez le message en trois parties.** Faites-le calmement et dans un endroit sans distraction.
3. **Arrêtez de parler.** Lorsque vous avez délivré le message, ne soyez pas tenté d'expliquer ou de justifier. Ne vous excusez pas. Arrêtez simplement de parler et attendez que l'autre personne prenne la parole.
4. **Écoutez.** Dans le monde réel, il est peu probable que votre message soit suivi d'une acceptation calme par l'autre personne et d'une discussion sensée sur les solutions possibles. Lorsque les gens sont confrontés à un message d'affirmation leur demandant de changer leur comportement, la plupart d'entre eux seront surpris et peut-être mécontents. Elles vont

souvent se mettre immédiatement sur la défensive en cherchant à justifier leurs actions. Pendant cette phase, vous devez utiliser vos capacités d'écoute réfléchie. Laissez-les parler.

5. **Répétez les étapes 2 à 4** aussi souvent que nécessaire jusqu'à ce que l'autre personne soit prête à :

6. **Parlez des solutions.** Il est possible que l'écoute de la réponse de l'autre personne ait révélé des besoins qu'elle a et dont vous n'étiez peut-être pas conscient. Ces besoins peuvent alors être pris en compte dans toute solution dont vous discutez. Si vous parvenez à une solution qui vous satisfait tous les deux, c'est une bonne chose. Soyez flexible quant aux solutions, mais ne perdez jamais de vue la raison initiale de votre affirmation. Vous le faites parce qu'une situation ou un comportement particulier vous rend malheureux. Le but de cette affirmation est de changer cette situation ou ce comportement. Rendre l'autre personne heureuse n'est pas votre objectif principal. N'oubliez pas que vous n'êtes pas responsable du bonheur de cette personne. Il s'agit de répondre à vos besoins et toute solution dont vous convenez doit y parvenir.

Certaines personnes peuvent réagir à votre affirmation par des émotions. Ces émotions peuvent aller de la colère au mécontentement, voire aux larmes. Ces émotions font souvent partie de l'attitude défensive initiale, mais elles peuvent aussi être une tentative de vous manipuler. Elles passeront. Si la personne semble tellement émotive qu'elle ne peut pas discuter de la situation de manière cohérente, dites-lui que vous en reparlerez lorsqu'elle se sentira moins émotive. À ce moment-là, répétez les étapes 2 à 6.

L'une des réponses les plus difficiles est le silence complet. L'autre personne peut sembler en colère ou bouleversée, mais elle ne dit rien. Que devez-vous faire ? Ce que vous ne devez pas faire, c'est continuer à parler. Répondez à son silence en ne disant rien. C'est incroyablement difficile, et vous serez tenté de mettre fin au silence, mais essayez de ne pas le faire. Si vous devez dire quelque chose, répétez simplement votre message d'affirmation. Lorsque vous ne pouvez plus supporter le silence, vous pouvez conclure par une déclaration telle que "*Il est clair que tu ne veux pas en parler, mais je suppose que tu comprends pourquoi je suis mécontent de* (répétez la première partie de votre message d'affirmation). *Nous pourrons parler de ce que nous ferons plus tard.*"

Vous devez être prêt à persister. Il est presque certain que le fait de donner une seule fois un message d'affirmation n'apportera pas le changement que vous souhaitez. Vous devrez peut-être répéter le message d'affirmation de trois à dix fois, parfois à plus d'une occasion, avant de pouvoir changer la situation ou le comportement qui vous affecte. Soyez prêt à cela. Les messages d'affirmation sont importants. C'est le seul moyen de modifier des situations ou des comportements pour assurer la protection de vos besoins et de vos sentiments. Essayez de ne pas vous mettre en colère si vous devez sans cesse répéter le message. Devenir hostile ou agressif ne fera pas faire à l'autre personne ce que vous voulez.

Ce processus semble probablement exigeant sur le plan émotionnel. Il peut l'être, et il implique souvent un certain niveau de confrontation. Peut-être que le simple fait d'y penser vous rend anxieux. Ne laissez pas cela vous empêcher de vous affirmer. Ce n'est pas facile mais, une fois que vous aurez appris à délivrer des messages d'affirmation de soi de manière efficace, vous aurez maîtrisé la compétence d'affirmation de soi la plus importante.

Les quatre étapes de l'affirmation de soi

Personne ne passe de la passivité à l'affirmation de soi en une seule étape. Devenir assertif est un processus de changement progressif, qui consiste à remplacer vos comportements passifs actuels par de nouveaux comportements assertifs. Cela va demander du temps, des efforts et du courage de votre part. Vous pouvez le faire, et pour arriver à votre destination, vous devrez passer par ces quatre étapes :

Phase 1 : Répétition et réflexion

Au cours de cette étape, vous allez répéter vos nouvelles compétences d'affirmation dans votre tête, en toute sécurité et sans risque d'échec ou de déception. Pensez à des situations où vous pourriez utiliser ces compétences. Pensez précisément à la façon dont vous auriez pu les utiliser dans le passé. Réfléchissez aux situations et aux comportements que vous aimeriez le plus changer. Notez-les et essayez de rédiger des messages d'affirmation appropriés en trois parties. Ne vous inquiétez pas. Cette étape est entièrement consacrée à la réflexion, en pensant à la manière dont vous utiliserez ces nouvelles compétences et à l'endroit où vous les utiliserez.

Étape 2 : Première pratique

Vous avez lu ce livre, vous comprenez comment vous affirmer, et vous êtes probablement impatient d'essayer cette nouvelle approche sur les plus gros problèmes de votre vie. Attendez un instant ! Si vous essayez d'utiliser vos nouvelles compétences dans les situations les plus difficiles impliquant les personnes les plus difficiles, vous vous condamnez à l'échec. Faites plutôt un petit pas à la fois. Il s'agit d'un marathon, pas d'un sprint. Au début, mettez en pratique vos nouvelles compétences en matière d'affirmation de soi dans des situations que vous trouvez moins stressantes. Cela n'apportera peut-être pas un changement instantané et fondamental à votre vie, mais vous vous exercerez aux techniques que vous utiliserez ailleurs. Ce n'est que lorsque vous aurez testé et affiné vos nouvelles compétences que vous serez prêt à passer à l'étape suivante.

Étape 3 : S'affirmer

C'est le moment ! Vous allez utiliser vos nouvelles compétences pour faire face à des situations réelles qui peuvent impliquer un certain niveau de confrontation. Ces situations sont plus difficiles à gérer, mais les récompenses potentielles sont également plus grandes. Lorsque vous apprendrez à vous affirmer à ce niveau, vous comprendrez que vous avez le contrôle de votre vie et que vous êtes capable de changer ce qui ne vous convient pas.

Étape 4 : hiérarchisation de vos besoins

Maintenant que vous êtes plus à l'aise avec l'affirmation de soi, il est temps d'évaluer comment vous voulez utiliser ces compétences.

Quels sont les changements les plus importants que vous souhaitez apporter à votre vie ?

Examinons maintenant un plan détaillé en 20 étapes permettant de franchir les quatre stades de l'affirmation de soi.

Votre plan d'affirmation de soi en 20 étapes

Ce chapitre propose vingt étapes qui vous permettront de passer de la passivité à l'affirmation de soi. Vous pouvez suivre ces étapes au rythme qui vous convient. Vous pouvez les effectuer sur des jours consécutifs, mais cela représenterait un véritable défi ! Vous pouvez les réaliser en un seul mois. Si vous préférez étaler ces étapes sur trois ou six mois (ou même plus), ce n'est pas un problème. Veillez à suivre toutes les étapes à un rythme qui vous convient. Ce livre ne vise pas à vous permettre de vous affirmer pendant un mois. Il s'agit d'apprendre des compétences qui vous soutiendront tout au long de votre vie.

Phase 1 : Répétition et réflexion

> **Première étape.** Pensez à des occasions dans le passé où un manque d'affirmation de soi a été un problème. Il s'agit de situations dans lesquelles vous vous êtes retrouvé à agir d'une manière qui vous a laissé un sentiment de frustration ou d'insatisfaction. Cela peut être dû au fait que vous ne vous sentiez pas capable de dire *"non"* ou que vous n'étiez pas capable de communiquer vos propres besoins et émotions. Mettez-les par écrit. Soyez détaillé et décrivez comment ces événements vous ont fait sentir. Trouvez au moins cinq exemples.
>
> **Étape 2.** Pour chaque exemple, écrivez comment vous avez réagi. N'avez-vous rien dit sur le

moment, mais vous vous êtes retrouvé à broyer du noir et à éprouver du ressentiment par la suite ? Vous êtes-vous plaint à d'autres personnes plus tard, alors que vous n'avez rien dit sur le moment ? Ne soyez pas frustré et ne vous en voulez pas. Vous devez savoir où vous en êtes maintenant avant de pouvoir commencer à vous améliorer. Il ne s'agit pas de vous trouver des défauts, mais d'examiner objectivement votre réaction à ce manque d'assertivité.

Étape 3. Pour chaque exemple, écrivez un message d'affirmation en trois parties que vous auriez pu donner. Réfléchissez à la manière dont le fait de donner ce message au lieu de réagir comme vous l'avez fait aurait pu changer le résultat.

Étape 4. Examinez les messages d'affirmation en trois parties que vous avez créés. En particulier, regardez le vocabulaire qu'ils utilisent. Ces messages décrivent ce que vous ressentez. Dire cela à d'autres personnes est une partie importante de l'affirmation de vos propres besoins. Maintenant, réfléchissez à la façon dont vous pourriez utiliser ce même vocabulaire dans votre discours quotidien. Pouvez-vous penser à des situations dans lesquelles vous pourriez décrire vos sentiments plus souvent ?

Étape 5. Réfléchissez à ce que vous avez dit au cours d'une journée donnée. Par exemple, vous êtes-vous excusé ? Était-ce approprié ? Aviez-vous vraiment fait quelque chose qui justifiait des excuses ? Y a-t-il eu des occasions où vous auriez pu mentionner comment vous vous sentiez, mais vous ne l'avez pas fait ? Avez-vous éprouvé des sentiments d'anxiété ou de ressentiment ? Qu'est-ce qui les a provoqués ?

Vous devriez maintenant avoir une idée beaucoup plus claire de votre niveau d'affirmation de soi ou de votre manque d'affirmation. Prenez le temps qu'il vous faut pour la première étape du plan d'action. Il est important que vous compreniez votre situation actuelle car cela vous motivera à changer. Maintenant, il est temps de passer de la réflexion sur l'affirmation de soi à l'action, même s'il y aura encore des pauses de réflexion dans l'étape suivante.

Étape 2 : Première pratique

Étape 6. Votre premier exercice d'affirmation est assez simple. Vous allez décrire à quelqu'un les émotions négatives que vous ressentez. Il ne s'agit pas de délivrer un message d'affirmation. Il s'agit simplement de parler à une autre personne de ses sentiments d'anxiété, de ressentiment ou même de colère. La personne à qui vous parlez peut décider de parler davantage de ces émotions ou non. Sa réponse n'est pas importante. Cette étape consiste à apprendre à exprimer des émotions négatives, car c'est une chose que les personnes qui ne s'affirment pas, comme les "people-pleasers", ont beaucoup de mal à faire. Faites-le aussi souvent que vous le souhaitez.

L'objectif est de devenir à l'aise avec l'expression des sentiments, même négatifs. Lorsque vous aurez fait cela, réfléchissez à ce que vous avez ressenti en vous exprimant de cette manière.

Étape 7. La peur est un obstacle majeur à l'affirmation de soi. Dans cette étape, vous allez faire un jeu de rôle pour refuser une demande d'aide de la part d'une personne insistante et exigeante. Si vous avez un ami de confiance, demandez-lui de jouer le rôle de l'autre personne. Sinon, jouez ces deux rôles vous-même, dans votre tête. Imaginez que la situation est aussi conflictuelle que possible. Pensez en détail à ce que l'autre personne pourrait dire et à la manière dont vous pourriez répondre efficacement.

Étape 8. Une fois encore, vous ferez un jeu de rôle, soit avec un ami, soit dans votre tête. Cette fois, la personne qui demande de l'aide n'abandonnera pas. Faites-vous à l'idée de continuer à vous en tenir à votre message d'affirmation, voire de le répéter à plusieurs reprises tout en restant calme.

Étape 9. Un autre jeu de rôle. Cette fois, il s'agit de dire *"non"* avec le moins de mots possible. Trouvez la façon la plus simple et la plus directe de dire *"non"*, sans excuses, sans justification ni excuses. C'est beaucoup plus difficile qu'il n'y paraît, alors mettez-vous à l'aise dans le jeu de rôle avant de commencer à utiliser cette stratégie dans la vie réelle.

Étape 10. Dans un lieu public sûr, comme un magasin, un centre commercial, une bibliothèque ou sur votre lieu de travail, faites une demande ou posez une question à une personne que vous ne connaissez pas bien. Cette demande peut être aussi simple que de demander l'heure, de demander son chemin ou de demander de l'aide pour faire fonctionner un appareil tel qu'une imprimante. La nature de cette demande dépendra de votre situation personnelle. Ce qu'il faut retenir, c'est que si vous demandez avec confiance, la plupart des gens seront heureux de vous aider. Si vous êtes une personne très passive, même cette petite affirmation sera un défi. Lorsque vous l'avez fait, réfléchissez à ce que vous avez ressenti.

Étape 11. Demandez quelque chose à un ami ou à une personne que vous connaissez bien. Demandez à emprunter une agrafeuse au travail. Demandez à quelqu'un d'aller vous chercher un sandwich. Demandez à quelqu'un de vous conseiller sur un sujet sur lequel vous travaillez. Là encore, ce que vous demanderez dépendra entièrement de votre situation personnelle. Faites votre demande poliment et avec assurance.

Étape 12. C'est la fin de l'étape 2 et vous êtes presque prêt à commencer à utiliser vos compétences en matière d'affirmation de soi. Mais d'abord, réfléchissez à ces premières étapes. Qu'avez-vous trouvé le plus difficile ? Exprimer des sentiments négatifs ? Demander quelque chose à un étranger ? Demander quelque chose à un ami ? Si vous avez trouvé l'une de ces étapes particulièrement difficile, vous voudrez peut-être la répéter jusqu'à ce qu'elle devienne plus confortable pour vous avant de passer à l'étape suivante.

Étape 3 : S'affirmer

Étape 13. Ne soyez pas d'accord avec quelqu'un. Choisissez une situation sûre où vous pouvez offrir un avis contraire. Si un ami vous suggère d'aller dans un lieu particulier, ne soyez pas d'accord et proposez une autre solution. Si quelqu'un au travail exprime un point de vue sur quelque chose, offrez le point de vue opposé. Peu importe la situation ou l'importance de la circonstance. Vous n'êtes pas impoli en faisant cela, vous proposez simplement un autre point de vue. C'est un excellent moyen de renforcer vos muscles d'affirmation de soi. Répétez l'exercice aussi souvent que vous le souhaitez.

Quatorzième étape. Répétez l'étape précédente, mais utilisez la persuasion pour essayer d'amener quelqu'un à se ranger à votre avis. Vous serez surpris de voir à quel point c'est facile si vous êtes confiant et calme.

Étape 15. Obtenez ce que vous voulez. Par exemple, si vous commandez un plat à partir d'un menu fixe, demandez si vous pouvez échanger l'un des plats contre un autre. Faites une demande spécifique pour la nourriture que vous commandez. Demandez que votre pizza soit fournie sans olives, par exemple. Si vous êtes dans une réunion ou un rassemblement social, demandez à échanger votre place avec quelqu'un. Si l'on vous demande pourquoi, vous pouvez toujours dire que vous trouvez la lumière meilleure à cette place ou que le siège lui-même est plus confortable. Une fois encore, la situation précise n'est pas importante. Ce qui est important, c'est que vous fassiez une demande et que vous utilisiez vos compétences d'affirmation de soi pour obtenir ce que vous voulez.

Étape 16. Répétez l'étape précédente en formulant des demandes plus exigeantes. Soyez aussi outrancier que vous le souhaitez, mais n'oubliez pas de tenir compte des émotions ou des besoins des autres. Demander la chaise la plus confortable de la pièce, c'est bien, mais si vous avez un ami ou un collègue qui souffre de problèmes de dos, peut-être en a-t-il davantage besoin. Demandez ce que vous voulez, mais pas au détriment des autres.

Étape 17. Utilisez un message d'affirmation en trois parties dans le cadre d'un processus d'affirmation en six parties. Il s'agit d'une étape difficile, et elle doit impliquer une conversation difficile, voire une confrontation. Il peut s'agir d'une réunion avec votre patron pour parler d'une promotion ou d'une augmentation de salaire. Il peut s'agir d'une discussion avec un ami ou un partenaire sur un élément de son comportement qui vous met en difficulté. Qu'il s'agisse d'une situation personnelle ou professionnelle, cette étape vise à modifier une situation qui vous cause une grande détresse. Il s'agit très certainement d'une situation que vous n'attendiez pas avec impatience. Mais maintenant, vous avez les compétences nécessaires pour l'aborder efficacement. Répétez votre message d'affirmation jusqu'à ce que vous vous sentiez prêt, puis ayez cette conversation. Utilisez vos capacités d'écoute lorsque l'autre personne vous répond.

Étape 18. Revoyez la dernière étape. Quel a été le résultat ? Avez-vous obtenu ce que vous vouliez ? Si non, demandez-vous pourquoi. Y a-t-il quelque chose que vous auriez pu dire différemment ou plus clairement qui aurait changé le résultat ? Avez-vous perdu confiance et fait marche arrière ? Et surtout, comment vous êtes-vous senti après ? Même si le résultat n'était pas exactement ce que vous souhaitiez, vous devriez avoir été capable de faire comprendre clairement à l'autre personne vos sentiments. Vous êtes-vous senti plus fort et plus confiant ? Répétez cette étape aussi souvent que nécessaire.

Étape 4 : hiérarchisation de vos besoins

Vous avez maintenant pratiqué toutes les compétences dont vous avez besoin pour vous affirmer. Vous avez parcouru un long chemin depuis le début, et il est maintenant temps de réfléchir à la façon d'utiliser ces compétences pour changer et améliorer votre vie.

Étape 19. Passez en revue vos objectifs personnels. Où voulez-vous aller dans votre vie ? Quels changements voulez-vous apporter dans votre vie personnelle ou professionnelle ? Qu'est-ce qui compte vraiment pour vous ? Si vous êtes passif et, en particulier, si vous avez été un "people-pleaser", ces valeurs fondamentales peuvent se perdre au milieu de votre considération pour les besoins des autres. Il est temps de revenir à l'essentiel : Qu'est-ce qui vous rend heureux ? Inversement, qu'est-ce qui vous rend malheureux ? Mettez-les par écrit. Ils deviendront vos objectifs, les situations ou les comportements que vous voulez adopter ou changer. Il vous faudra peut-être un certain temps pour finaliser votre liste, et vous vous surprendrez probablement à l'allonger en pensant à de nouveaux ajouts.

Étape 20. Planifiez comment vous pouvez utiliser vos nouvelles compétences d'affirmation pour atteindre vos objectifs. Notez vos limites personnelles. Dressez une liste des objectifs que vous voulez atteindre au cours du prochain mois, des six prochains mois et de l'année suivante. Revoyez cette liste fréquemment et évaluez vos progrès. Mettez la liste à jour avec de nouveaux objectifs si vous le souhaitez. Cette liste d'objectifs deviendra votre plan directeur, et l'affirmation de soi vous aidera à l'atteindre.

Lorsque vous vous affirmez, vous pouvez être qui vous voulez. Vous pouvez faire ce que vous voulez. Tout ce que vous devez faire maintenant est de faire le choix de vous affirmer.

VOTRE CADEAU GRATUIT

Nous aimerions vous offrir un cadeau pour vous remercier d'avoir acheté ce livre. Vous pouvez choisir parmi tous nos autres titres publiés.

Vous pouvez obtenir un accès immédiat à tous nos livres en cliquant sur le lien ci-dessous et en vous inscrivant sur notre liste de diffusion :

https://campsite.bio/mastertoday

Nos autres livres

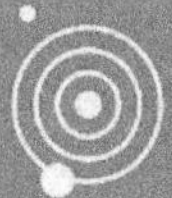

Force Mentale et Maîtrise de la Discipline :
Développez votre confiance en vous pour libérer votre courage et votre résilience.

Renforcez votre confiance en vous et libérez votre courage pour surmonter les difficultés et performer dans toutes les conditions !

La ténacité mentale vous aidera à vous élever au-dessus des nombreuses personnes qui sont facilement affectées par les circonstances extérieures telles que les défis, les obstacles et les mésaventures. Elle vous permet d'être performant sous pression et de surmonter les défis de la vie.

Ce livre vous donne les clés pour développer une véritable force mentale.

Imaginez-vous en train de faire face aux problèmes de la vie avec confiance, certitude et un courage de lion. Imaginez-vous en train de faire face à n'importe quel problème ou revers qui pourrait survenir. Êtes-vous prêt pour cela ?

Si oui, ce livre sur la maîtrise de la discipline et de la force mentale est pour vous !

Renforcez votre confiance en vous et libérez votre courage et votre résistance pour faire face à l'adversité... Persévérez, gérez la pression et respectez vos plans. Arrêtez de gaspiller votre énergie et profitez de la vie plus que vous ne le pensiez !

Endurcissez votre esprit et maîtrisez votre discipline, contrôlez vos impulsions et supportez la détresse émotionnelle et psychologique qui est à l'origine des malheurs. Faites en sorte que les sentiments d'accablement, d'épuisement ou de surcharge soient des symptômes du passé.

Dans le livre **Force Mentale et Maîtrise de la Discipline,** vous découvrirez :

- Ce qu'est la ténacité mentale, et ce qu'elle n'est pas...
- Les traits de caractère que les personnes mentalement fortes ont appris pour dépasser la médiocrité.
- Pourquoi la motivation et la volonté ne sont pas des outils fiables.
- Comment la discipline vous aide à mieux profiter de la vie.
- Comment la force mentale est l'ingrédient essentiel de la réussite.
- Les clés pour renforcer votre esprit et débloquer des performances de pointe.
- Comment vous pouvez retarder la gratification avec facilité.

Devenez mentalement fort. Le livre comprend un cahier d'exercices étape par étape et 15 exercices puissants qui vous aideront à transformer ce que vous apprendrez dans ce livre en habitudes quotidiennes !

N'abandonnez pas lorsque la vie devient difficile. Maîtrisez votre esprit et votre discipline pour devenir résilient. Commencez votre entraînement et prenez votre exemplaire de ce livre dès aujourd'hui pour affronter l'adversité avec courage !

Pour en savoir plus, cliquez ici :

https://master.today/books/mental-toughness/

160